이젠
말하고
싶다

편 문 산문집

이젠
말하고
싶다

머리말

부서져 흩어진
삶의 조각이 바닥에 붉게 누워 있다
메아리로 돌아온 외침이
선혈을 삼킨 채 멈추어져 바람에 흔들린다

길을 잃고 우두커니
촛점을 놓아두고 걸어온 길
후회의 회한으로 눈물 가득한 오솔길

하얀 백지로 채워진 육신의 고독
아침 안개 따라 가 버린 흔적
깨달음 없는 용서는 여전히
검은 시간을 집어삼킨 붉은 얼굴

검은 시간에 묻어 사라진 슬픈 영혼의 통곡이
이승의 갈피 속에 이슬비를 뿌린다

용서하고 사랑하고
무아로 돌아앉은 돌부처의 손가락을 잡고
여전히 입고 있는 탐스런 밍크 코트

적막에 갇혀
산을 보고 정지된 시간의 수행으로
씻어 내고 걸러 내고 나를 버리고
여전히 못다 한 외침으로….
서리 내린 허연 모습으로….

다 해진 짚신 끌고 가는 외로운 길손이여
쉬었다 가시게나
우리, 누리끼리한 옥수수 막걸리 한잔 마실라나
잊지도 말고 애쓰지도 말게
세월이 약이라 안 했는감
이젠 못다 한 사랑이나 나누세나.

2014년 2월

편 문

차 례

□ 머리말

교육과 체벌 기준의 정의 • 11
인간의 속성 • 16
인성 부족의 교육자들 • 24
헌법 소원 • 36
권력의 편중을 막고, 바른 사법부를 위하여 • 47
사랑의 매와 폭력의 차이는 무엇인가 • 54
재벌 그룹의 골목 상권 침입 • 59
불량 서클은 정상적인 집합체에서 양산되는 것은 아닌가 • 63
삼국통일에 대한 바른 이해 • 69
왕따가 만들어지는 이유는 무엇인가 • 73
탈북자들의 애절한 사연, 대북 방송에 대하여 • 80
경찰의 직무 유기의 한계는 어디까지인가 • 84
권력 구조의 편중과 '부러진 화살'의 통곡 • 88
대통령 선거 국고보조금 • 92

민사소송 피고 대한민국 • 95

법의 모순과 이기 • 98

사법부의 정당성은 어디까지인가 • 103

조국과 종교, 그리고 정체성의 상실 • 107

산화 • 111

상생하는 정의와 불의 • 115

성 뇌물 검사에 대하여 • 118

성매매 금지법에 대하여 • 121

소비자를 기만하는 이동통신업체 • 124

오늘 한국의 실상 • 127

올바른 민주주의를 위하여 • 131

외로운 싸움 • 134

유전무죄 무전유죄 • 137

일류와 의식은 비례하는가 반비례하는가 • 139

잘못된 핸드폰 판매와 부당한 요금징수 방법 • 141

진실과 정의를 막는 법의 관행 • 144

진실의 눈 • 148

'천 번의 입맞춤'과 고단한 나의 현실 • 158

티브로드 ABC 방송의 억지 • 167

산을 오르는 사람들 • 171

허가 난 나라 도박 • 174

우방과 적국의 차이의 비등점 • 179

기억의 한 조각 • 183

▫ 후기

이젠 말하고 싶다

교육과 체벌 기준의 정의

"초·중등교육법 제18조 1항과 동법 시행령 제31조 7항. 학생 체벌 허용."

2004년 9월 21일 자로 시행되었다(2004년 9월 22일 자 경향신문 보도).

"참교육을 위한 전국 학부모회."

행복추구권, 인격권, 평등권, 신체의 자유, 교육 받을 권리를 침해하고 있다고 헌법 소원을 냈다.

여름 방학이 끝나고 3일째 되는 날 오후의 중학교 3학년 교실. 교실의 분위기는 차디찼다. 무거운 공기가 숨을 멈추고 바닥에 흩어져 있다. 일찍 종례가 되어 오후 3시를 넘지 않았다. 오후의 햇살은 길게 누워 교실 창문을 엿보고 있다.

민지는 9명 중에서 다섯 번째로 서 있다.

"딱, 딱, 딱."

세 대는 사회봉사 활동한 시간이 세 시간이 모자라서다. 한 시간당 한 대씩 세 대이다.

민지는 가슴이 울렁거리기 시작했다. 모자라는 시간이 다섯 시간이니 다섯 대를 맞아야 한다. 등줄기로 찬기가 올라오며 온몸에 소름이 돋았다.

제일 먼저 맞은 미숙의 얼굴을 보니 눈가에 눈물이 맺혀 있다. 민지는 친구의 일그러진 표정과 눈물이 그렁한 모습에 몸이 떨려 왔다.

'아— 얼마나 아플까?'

민지는 두려움에 몸을 움츠렸다.

담임은 여자 선생인데 자주 매를 든다. 다른 반에서는 봉사 활동을 안 했다고 매를 때리지는 않는다고 했다.

민지는 담임 선생의 얼굴을 훔쳐보았다. 플라스틱 자를 들어 내리치는 손에 힘이 실려 있음을 보았다. 앞 친구들의 맞는 소리 하나하나에 깜짝깜짝 놀랐다. 이제 앞으로 남은 친구는 한 명이다. 다음은 내가 맞을 차례이다.

'도망가고 싶다.'

민지는 2학년 초에 옆 도시인 안산으로 이사를 갔으므로 봉사활동을 하려면 학교가 있는 군포시로 와야 했다. 꼭 공공기관에서만 봉사활동을 해서 도장을 받아야만 인정이 됐으므로 어쩔 수가 없었다. 여름 방학 동안 봉사활동 시간을 채워야 하는데 다 하지를 못했다.

다음에는 내 차례다. 오줌이 마렵다. 다리를 오므리고 입을 꽉 다물었다.

"김민지 앞으로 나와, 손 위로 올려."

민지는 손을 올리고 두 눈을 꼭 감았다.

아빠의 얼굴과 동생 동주의 얼굴이 떠오른다.

엄마는 우울증을 앓다가 아빠와 부부 싸움을 하고 5년 전 집을 나갔다. 동생 동주는 지금 열한 살이니 엄마가 집 나갈 때는 여섯 살이었다.

민지는 방학 내내 정신지체 3급 판정을 받은 동생 동주 때문에 거의 집에서 꼼짝 못했다.

동주는 스트레스가 쌓이거나 피로하면 경기를 한다. 그리고 언제 어디서 하는지 종잡을 수 없으므로 한시도 동주에게서 눈을 돌리지를 못한다.

"딱, 딱, 딱…."

아프다. 종아리에 살이 찢어지는 듯한 통증이 왔다. 민지는 눈가에 눈물이 핑 돌았다.

우리를 놔 두고 나간 엄마가 밉다. 언니는 내년에 대학을 가니 입시 준비에 시간이 모자란다. 그래서 남동생 동주는 내가 늘 보아야 하지만 짜증이 날 때가 많다. 특히 말을 듣지 않고 누나인 나에게 막 대들 때는 정말 화가 나고 울고 싶다.

종아리가 화끈거린다. 이제 한 대만 남았다.
"딱."
"김민지 내려가."
선생은 매우 딱딱하고 차게 말했다.
민지는 급우들 보기가 민망하고 창피해 고개를 푹 숙였다. 교실이 좌우로 흔들리는 것 같다. 책상 모서리에 무릎을 부딪쳤다. 겨우 더듬거리며 자신의 자리로 돌아왔다.
"얘, 민지야 아프니?"
짝인 영숙이가 민지의 귀에다 대고 묻는다.
민지는 조금 얄미워 보이는 영숙의 말에 대꾸하지 않고 책을 폈다. 글자가 이중으로 보인다. 눈물이 그렁한 눈을 통해 보이는 글자는 한 개가 아닌 두 개이다. 언제인가부터 세상도 두 개로 보이기 시작했었다. 그러다 차츰 한 개로 보였는데 친구들과 놀 때는 모르다 잠시 떨어져 나와 현실에 눈을 들어보면 다시 두 개로 보일 때가 많다.
"우리 선생님은 너무 심한 것 같다. 다른 반 선생님은 안 때린다는데."
영숙은 민지의 종아리를 보며 말했다.
민지는 영숙을 보았다.
"근데 유독 우리 선생님만 자주 때리는 이유는 뭐야. 정말 이상해."
영숙의 말에 민지는 마음의 위안을 받았다.

"근데 아빠가 그러는데 어렸을 때 매 맞고 자란 사람은 커서 어른이 되면 아이를 자주 때린대."

민지는 모기 소리처럼 작게 말했다.

민지는 휴지를 꺼내 눈가를 닦았다. 그러곤 선생의 얼굴을 훔쳐보았다. 눈매가 날카롭다. 단단히 튀어나온 광대뼈는 고집스럽게 보였다. 입술은 두터워 보인다.

민지는 담임 선생의 얼굴을 보자 처음 3학년 5반으로 반 편성이 되어 학년을 시작할 때의 우울했던 기억이 떠오른다.

원인도 이유도 파악하지 않은 채 매질을 하는 것은 비인간적 처사임에는 분명하다. 그것도 사회봉사 활동을 안 하였다고 매질을 하는 선생의 자질과 능력을 검증하여야 한다.

그 선생의 성장 배경과 교육 실태를 엄격한 조회와 분석을 통하여 파악하고 교육자로서의 자질이 임용이 가능한 수준인지 조사하여야 한다고 필자는 생각한다.

※이 이야기는 실제 있었던 사건을 토대로 쓰여진 것임.

인간의 속성

어느 날 문득 찾아온 삶과 그 의미와 목적.

산으로 둘러싸인 강원도 두메산골에서 갑자기 생각 속으로 빠져들었다. 인식도 하기에 앞서 새로운 의식의 세계, 그렇게 나의 십 대는 엮어지고 있었다.

소설과 시, 글에 대한 열망. 문학에 대한 의식의 시작은 1970년대 중반 열일곱 살로 거슬러 올라간다.

여름날, 문명의 이기에 물들지 않은 햇살이 한 가닥도 걸러지지 않은 빛살로 내리는 이른 토요일 오후, 학교에서 일찍 돌아온 나는 부엌문을 밀치고 안으로 들어섰다. 뒷집 세 사는 군인 가족인 젊은 여자와 담소를 즐기고 있는 작은누나가 보였다.

나른한 오후, 그래도 맑은 햇살에 주변은 생기가 살아 움직이고 있다. 작은누나는 책을 보았는지 옆에 《현대문학》이라는 월간 문학잡지가 눈에 들어왔다.

"일찍 오네."

누나의 인사를 건성으로 들으며 《현대문학》 잡지를 들었다.

"이거 좀 봐도 돼?"

"내가 보고 있는데…."

"금방 보고 돌려줄게."

가방을 아무렇게나 집어던지고는 책장을 열었다.

단편소설 〈미운 오리 새끼〉. 작가는 기억이 나지 않는다.

내용을 간략하게 설명하면 이렇다.

1970년도 초반 먹고살기 힘든 보릿고개의 고달픈 시절, 두 거지 부부가 바랑을 걸머멘 채 등 뒤로 오후 햇살을 받으며 황토 먼지 날리는 신작로를 휘청이며 걸어가고 있다.

거지 남편은 비록 구걸을 해서 생을 영위하고 있지만 자신 나름대로의 소신과 주관과 뚜렷한 사상을 갖고 있었다. 가난한 사람이 배고픈 사람을 알 수 있듯이 오히려 구걸은 빈촌이 더 쉽다. 그럼에도 남편 거지는 절대로 가난한 마을에서는 구걸을 하지 않는다. 부자 마을, 여유가 있고 남을 줘도 넉넉한 살림, 그러므로 그들에게 구걸을 한다는 것이 이유이다.

마을에 두 거지 부부가 들어서자 모든 집들은 약속이나 한 듯이 문을 걸어 잠그고 있다. 밖에서 놀던 아이들까지 부랴부라 집으로 거두어들인다. 순식간에 마을은 침묵에 싸였다.

사내는 바랑을 추스르고는 아내를 힐끗 쳐다보고는 혼잣말로 중얼거렸다.

"제기랄, 구걸이 쉽지 않겠군."

가진 자들의 배타적 이기, 욕심은 욕심을 낳는다. 그러므로 가진 것이 많을수록 배타적으로 의식은 인식에 의해 변질되어진다.

그날 거지 부부는 어둠이 내리기 전 마을을 한 바퀴 돌았다. 단단히 잠겨진 문은 열리지 않았다. 커튼까지 내리어진 집집마다 숨들이 멈추었는지 정적에 싸여 있다. 거지 부부가 대문 앞에 나타나면 커다란 개의 짖음만이 잔잔한 주변 공기를 요동 속으로 몰아간다.

"여보, 다른 마을로 가지요?"

아내는 남편의 옷소매를 잡아당기며 말했다. 사내는 인상을 찡그리고 아내를 보았다.

"안 돼, 죽는 한이 있어도 여기서 구걸한다."

사내는 주변을 둘러보며 한적하고 후미진 곳을 찾았다. 바랑을 내려놓은 사내는 아내에게 말했다.

"여기서 잡시다."

덜 채워진 배를 다독이며 두 부부는 별을 헤아리며 잠을 청했다.

"쿼르르, 크르르, 으르르릉."

아내가 사내를 흔들었다.
"여보, 저게 뭐예요?"
"귀찮게 잠이나 자, 내일 구걸하려면 자 둬야….”

사내는 섬뜩함을 느꼈다. 몸을 일으키며 주변을 둘러보았다. 십여 미터 떨어진 가로등의 불빛을 받은 개들이 보였다. 족히 대여섯 마리는 되어 보였다. 파란 눈빛을 발하며 십여 미터 주변을 맴돌고 있다.

사내는 아주 조용히 움직였다. 신발을 고쳐 신었다. 움직임이 크면 개들의 보호본능을 자극하여 준비도 안 된 상태에서 불시에 개들의 공격을 받을 수 있다. 오랜 세월을 살아오며 터득되어진 감각.

사내는 주변을 살폈다. 중앙의 개를 중심으로 나선형으로 좌우 두세 마리가 이빨을 드러내며 움직이고 있다. 바랑 옆에 놓인 1.2미터 길이의 지팡이를 조심스레 잡았다. 아내의 얼굴을 보았다. 겁에 질려 목을 움츠리고 있다.

사내는 그중 우두머리로 보이는 개를 주시했다. 그놈만 일격에 쓰러뜨리면 나머지는 꽁지를 내리고 도망을 간다. 사내는 아주 조용히 소리 나지 않게 몸을 서서히 일으켜 세웠다. 단단한 물푸레나무 지팡이의 끝을 아래로 하여 다리 가까이 붙였다. 그리고 앞으로 발을 내디디었다.

일순 개들이 사내를 향해 적의를 보이며 짖어댔다. 사내는 가운데 있는 개에게 눈을 고정한 채 지팡이를 쥔 오른손에 힘을 주었다. 발을 한두 번 좌우로 움직이던 개는 사내의 발이 두 발짝 앞으로 다가서자 일순 뒷발을 차며 뛰어올랐다. 사내는 숨을 들이마시며 호흡을 가다듬었다. 온 힘을 손목으로 집중시켰다.

"휘—익."

뛰어오르던 개는 사내의 1미터 앞에서 귀 앞쪽을 강타당하며 땅바닥에 나뒹굴었다.

"캐—깽."

몇 번 꿈틀거리던 개가 움직임을 멈추자 조용해졌다. 사내가 앞으로 나서자 나머지 개들은 뒤로 물러서며 도망치기 시작했다. 사내는 쓰러진 개에게 다가가 발로 개를 밀쳤다. 정확히 좌측 머리를 강타당한 개는 숨이 끊겨 있었다.

"내일은 이놈을 먹어야겠구먼."

사내는 전방을 주시하며 쌈지에서 담배를 말아 입에 물며 중얼거렸다. 얼굴에 비장함이 보인다. 세상을 적의와 소외 속에서만 살아온 사내의 몸은 느끼고 있다. 싸움이 끝나지 않았음을…. 멀리서 개 짖는 소리가 들린다. 사내는 죽은 개를 구석으로 밀어 놓았다.

얼마의 시간이 흘렀을까. 더 많은 개가 주변으로 강한 적개심을 드러내며 포진해 왔다. 사내는 생각했다. 오늘 밤 무척 힘든 밤이 될 것이라는 것을….

사내와 아내 그리고 개들, 싸움은 새벽녘이 되어서야 끝이

났다. 주변에는 여러 마리의 개가 쓰러져 있다. 여자는 이미 숨이 끊긴 지 한 시간이 넘어 보인다. 아직 숨이 붙어 있기는 해도 사내 역시 움직임이 없다.

밤새 침대에 누워 미세하게 들려오는 문밖 개들의 소리에 귀를 기울이고 밤을 새운 주민들은 약속이나 한 듯 하나둘 옷을 입고 창문의 커튼을 살짝 들치고 숨을 멈춘 채 밖을 살폈다. 희미한 어둠 속에 시간은 멈추어져 검은 정물로 고정되어 있다.

동이 트기 전 마을 사람들은 하나같이 흰 마스크를 한 채 조용히 대문을 밀치고 나와 눈빛으로만 이야기를 나누며 두 거지 부부의 시체와 개들의 시체를 소리 없이 정리했다. 그리고 세상은 아무 일 없었다는 듯이 일상은 진행되었다.

아무것도 모르는 아이들은 까르르 웃으며 대문을 열고 나와 학교로 간다. 안도의 숨을 쉬는 주민들의 눈가에 이유 모를 미소가 번지고 있다.

〈미운 오리 새끼〉 대략 일부를 기억에 의해 옮겨 놓았다. 뒤쪽 일부분은 내 의견이 피력된 것이다.

그 단편소설이 나의 미래에 지대한 영향을 주었다고 보여진다. 그 후 늘 머릿속에 남아 있는 정의에 대한 이유들….

가진 자들의 배타적 성향과 이기에 대한 이유 모를 분노, 약자들에 대한 동정, 알 수 있는 이유, 불분명한 진정성, 기타 여러 가지 이유에서 문학에 빠져들게 되었다.

모든 것이 의식 속에서 구체화되어 가면서 자신의 꿈을 이루고자, 세상의 풍경을 머릿속에 그리고자, 체험을 통한 진솔한 글들을 엮어 내고자 끝 모를 여행은 시작되었다. 어머니 가슴에 피멍을 새기며 새벽 가출을 했고, 세상 바닥의 길을 걸었다.

누군가 말했다. "너의 체험적 고행은 어쩌면 관념의 유희일 뿐이다." 그럴 수도 있다. 마을 입구에서 아버지의 땅을 밟지 않고는 마을로 들어올 수가 없었다. 지금에야 모두 털어 버리고 빈털터리지만, 그 시절의 유복함이 어쩌면 오늘의 나를 만들었으리라 본다. 배를 곯으며 배고픔에 허덕거렸다면 언제 문학에 대한 이념의 세계에서 의식의 나래를 펼 수 있었겠는가.

글을 쓰며 나는 생각한다. 늘 분노가 드러나는 나의 글에 긍지 아닌 회의의 한 구석을 보며, 서글퍼한다.

40도에 육박하는 한여름 더위에 늘어진 개 혓바닥처럼 내 인생의 길도 늘어지는구나.

더위가 태양과 같이 산을 넘어 버리면 야음을 틈타 산을 오른다. 서걱거리며 쫓아오는 아우성들을 귓등으로 흘리며 산 능선을 타고 돌아다닌다.

시란 건설적이기보다, 인간 내면의 소리, 그것도 아픔의 소리, 고통과 절망을 통해 얻어지는 배설물과 같은 것이 아닌가 하는 생각이 든다. 특정인의 소유물, 한 발자국 떨어진 이웃들이 또 다른 나를 경험하게 하는 의식과 인식의 세계, 그것이 시의 진정성이 아닌가 생각한다.
 늘 언제나 정답을 찾지 못해 헤매는 미아일 뿐이다.

인성 부족의 교육자들

"네 놈이 내 딸을 죽였어. 살려내라 이놈아."
해순의 어머니는 선생의 옷깃을 부여잡고 몸부림을 쳤다.
"어, 이거 왜 이래요, 내가 죽였다니? 무슨 소리요."
"그럼 이놈아 니가 안 죽였으면 누가 죽여. 이 죽일 놈아."
장례식장에 참석했던 학생들의 눈길이 일제히 선생으로 쏠렸다. 영식은 증오에 찬 눈으로 선생을 보았다. 분명 해순의 죽음은 그날 체육 시간의 사건이 원인이다.

'어떻게 저 선생이 여길 왔지, 파렴치한 놈. 지 잘못을 모르고 있나? 이상한데. 전혀 개의치 않는 평범한 표정과 행동은 왜 해순이가 죽었는지, 자신이 체육 시간 해순을 벌 주는 과정에서 해순이 죽음보다 더한 굴욕을 당했다는 걸 몰랐을까?'

영식은 선생의 얼굴을 뚫어져라 쳐다보았다.

'그렇다면 이건 교육에 있어 심각한 문제이다. 저렇게 무딘 사람이 어떻게 의식이 형성되는 예민한 학생들을 가르칠 수 있을까? 그렇다면 오늘과 같은 사건은 계속 일어나리라. 비록 죽음까지는 안 가더라도 자신의 생을 포기하고 허무주의에 빠져 늘 자살을 호주머니에 넣고 살게 되는 학생들을 양산할 것이다.'

"내 딸 살려내라, 이놈아."

해순의 엄마는 땅을 치며 통곡했다.

영식은 언제인가 기회가 되면 해순에게 주려고 정성스레 만든 새 모양의 목각을 손으로 꼬옥 쥐었다. 언제인가 저 철면피 같은 체육 선생을 응징하리라. 영식은 하늘을 우러러보며 흐르는 눈물을 참아 냈다.

죽는다고 세상이 달라질까

죽는다고

네가 죽는다고 무엇이 달라지더냐

죽음이 두렵지 않았더냐

치욕이 죽음을 넘었더냐

십팔 세 피지도 않은 나이에

어디로 가느냐

아직 정성으로 다듬어 놓은

새는 내 가슴에 있건만

무엇이 살기 싫었더냐
너의 죽음, 이유, 원인….
사람들은 알 수 없으니
가긴 왜 가
어—허 남차
어—허 남차
이제 가면 언제 오나
어—허 남차
어—허 남차
북망산천 멀다 한들
뉘 내 감을 슬퍼할꼬.

  해순은 점심을 먹고 나서 아랫배가 조금씩 아파왔다. 아무래도 느낌도 이상하여 화장실에 가 보니 팬티에 피가 묻어 있다. 그것도 그친 것이 아니라 조금씩 피가 계속 흐르고 있다. 이상하다 분명 지난달에는 17일께였으니까 오늘 비치는 것은 생각보다 3일 정도 앞서 나온 것이다. 해순은 얼굴을 찌푸렸다. 미세하게 두통이 생기며 오한이 왔다. 예상보다 빠른 월경에 해순은 당혹했다. 준비를 해 오지 않은 자신의 부주의함에 신경질이 난다. 난감하다. 이런 문제는 담임인 남자 선생님과는 상의하기가 매우 힘들다.
  해순은 온몸이 시리고 저려왔다. 다음 시간이 체육 시간인데 체육복을 갈아입으면 피가 배어 나올 텐데, 더구나 흰 체육복이라 금세 표시가 날 건데…. 큰일이다. 더구나 운동선수 출신인 체육 선생님은 무섭다. 네모진 얼굴에다 딱 벌어진 어깨는 능히 건장한 사내 서너 명은 해치울 수 있는 힘이 있어 보인다. 그리고 해순은 체육 선생의 눈빛을 떠올렸다. 늘 여학생인 우리를 보는 눈빛이 왠지 진득해 보였었다.

해순은 교실로 조용히 들어왔다. 이제 어떻게 할 것인가? 친구들은 모두 체육복으로 갈아입느라고 부산을 떤다. 특히 남녀공학에 합반을 하고 있는 상태라 혹시나 남학생이 볼까 봐 더욱 부산스럽다.

해순은 가만히 있었다.

"얘, 해순아 너는 왜 안 갈아입니."

해순은 말을 건넨 정자의 얼굴을 바라보며 지금 자신의 몸에서 일어난 불규칙한 월경에 대해 무슨 말인가 하려다 그만두었다.

"몸이 아파."

정말로 힘이 없고 머리가 아프다. 특히 두려움으로 몸이 굳어 있다.

시작 시간이 가까워 오자 급우들은 하나둘 썰물이 빠지듯 운동장으로 빠져나갔다. 해순은 책상에 이마를 기대고 두 손으로 머리를 감쌌다.

"따르르릉, 따르르릉…."

해순은 시작을 알리는 벨소리에 화들짝 놀라 책상에 기댄 머리를 들었다. 교실에는 아무도 없다. 해순이 혼자다. 불안감을 감추지 못해 얼굴이 부어 보인다. 창가를 보았다. 햇빛이 따사롭게 들어온다. 창가에 다가가 밖을 보고 싶지만 두려움에 고개를 흔들었다.

운동장에 체육복을 입은 학생들이 4열 종대로 서 있다.

"차려. 경례."

반장의 구령에 맞추어 인사가 끝났다.

체육 선생은 학생들을 한번 주욱 둘러보았다.

"오늘 운동은 오래 달리기와 윗몸 일으키기, 팔 굽혀 펴기를 한다."

학생들 사이에 미세한 소요가 일어났다.

"반장, 오늘 총 인원이 몇 명이야?"

"57명입니다."

체육 선생은 고개를 끄덕이며 인원을 헤아렸다.

"어, 왜 한 명이 비지."

학생들의 시선이 좌우로 교차되며 동요가 일어났다.

"반장, 인원 체크를 똑바로 해야지. 이리 나와."

체육 선생은 앞으로 나온 반장의 배를 지휘봉으로 꾹 밀며 말했다.

"확인해 봐, 누가 빠졌는지."

"예, 알겠습니다."

얼굴이 벌게진 반장은 돌아서 급우들의 얼굴을 둘러보았다. 고개를 약간씩 움직이는 영식이가 보였다. 아까 교실에서 체육복을 갈아입으며 자꾸 여학생 쪽을 가리키며 무어라고 한 기억이 떠올랐다. 반장은 영식에게로 갔다.

"누가 빠진 거야?"

영식은 알고 있다. 분명 체육복을 갈아입지 않고 책상에 머리를 기대고 있던 해순을 보았었다. 어디가 아픈가 보았다. 말 한 번 걸어보지 못했지만 영식은 해순이가 좋았다. 늘 조용하고 말이 없으면서 차분하고 봉선화 같은 느낌을 주는 해순이가 좋았다. 비록 짝사랑으로 끝날망정 좋은 감정은 어쩔 수가 없다.

반장의 얼굴을 보았다.

"해순이가 어디 아픈가 봐?"

반장은 영식의 말이 끝나기 바쁘게 여자 쪽 줄을 둘러보았다.

"반장, 해순이에게 무슨 일이 있는 걸까."

영식은 조그맣게 말했다.

반장은 영식을 보았다.

"너 해순이 좋아하냐?"

"……."

영식은 대답하지 않았다.

"가르쳐 줘서 고맙다."

반장은 체육 선생 앞으로 갔다.

"이해순이 없습니다."

"그래, 왜 없는 거야?"

"어디 아픈가 봅니다."

"데려와."

반장은 돌아서 교실로 뛰어갔다.

영식은 가슴이 좋여 왔다. 뛰어가는 반장의 뒷모습을 보며 마음속으로 빌었다. 해순에게 아무 일도 일어나지 않기를 빌었다. 와일드한 체육 선생으로부터 폭력이 일어나지 않기를 거듭 빌었다.

"너희들은 친구 하나 선도하지 못한 죄로 벌을 받는다. 엎드려 뻗쳐."

체육 선생의 말 한마디에 50여 명의 학생들은 운동장 바닥에 엎드렸다. 체육 선생은 지휘봉으로 몇 번 자신의 손바닥을 두드렸다.

엎드린 학생들 속에서 불평의 소리가 들렸다.

"에이, 그 계집애 때문에 벌 받잖아."

"조—용."

영식은 불평하는 쪽을 보았다. 그리고 고개를 돌려 교실로 뛰어가는 반장을 보았다.

반장은 교실 문을 열었다. 횅하니 빈 교실 안에 고개를 책상에 대고 엎드려 있는 해순이가 보였다.

"이해순. 일어나 선생님이 나오래."

해순은 울렁이는 가슴을 다독이느라 호흡이 거칠어졌다. 이미 반장이 올 거라 생각하고 두려움에 가슴을 졸이고 있었다.

해순은 고개를 들어 반장을 보았다.

"이해순 지금 나가야 돼. 너 때문에 모두 기합 받고 있어."

해순은 창문 밖 운동장을 보았다. 안쪽 자리에 앉은 해순은 기합 받는 친구들이 보이지 않았다. 그렇지만 느낌으로 안다. 모두 자신 때문에 기합을 받는다는 것을….

"체육복 입고 나갈게."

반장은 교실을 나갔다.

해순은 걱정이 된다. 체육복을 갈아입었다. 휴지를 여러 장 팬티에 깔았지만 흐르는 피가 분명 밖으로 배어 나올 텐데, 어쩌지. 해순은 체육복 바지 위에 치마를 덧입었다.

체육 선생은 비시시 웃음이 나왔다. 운동장을 걸어오는 여학생의 차림이 우스웠다.

"모두 일어나."

학생들은 일어났다.

"돌아서 저기 나오는 학생을 본다."

학생들은 돌아서 해순을 보았다. 여러 곳에서 웃음이 새어 나온다. 영식은 웃지 않았다. 분명 저렇게 옷을 입은 데는 이유가 있을 것이다.

해순은 맨 뒤쪽에 섰다.

"이해순, 이리 나와."

해순은 부자연스러운 걸음으로 체육 선생 앞으로 갔다.

"너 그 옷차림이 뭐야!"

해순은 대답할 수가 없었다. 이 일을 어떻게 남자인 체육 선생님에게 말할 수 있을까.

"왜 대답이 없어."

체육 선생은 해순에게로 다가오더니 치맛자락을 지휘봉으로 걷어 올렸다. 해순은 본능적으로 치맛자락을 잡았다.

"허, 이녀석 봐라. 이유가 뭐야?"

해순은 고개를 숙인 채 말이 없다.

"선생 말이 우습다 이거지."

영식은 몸이 굳어 왔다. 단 일 초도 눈을 돌리지 않고 선생과 해순을 보았다. 왜 그랬을까?

"너, 이리 나와."

선생은 맨 앞줄에 있는 여학생을 불러냈다.

"지금부터 물구나무를 선다. 넌 앞에서 잡아 줘."

해순은 온몸이 굳어 오며 시려 왔다.

"이녀석 봐라, 아주 선생의 말을 안 듣겠다 이거지."

선생은 학생들을 향해 돌아섰다.

"전체 엎드린다. 이해순이가 내 말을 듣지 않으므로 그 대가를 너희들이 대신 받는다."

해순은 움직이지 않았다. 어떻게 할 것인가? 귀가 먹먹해지며 이명이 온다. 다리가 후들거린다.

"얘, 해순아 빨리 해, 그래야 다른 애들이 기합 안 받아."

앞에서 해순의 발을 잡아 줄 인숙이가 말했다.

해순은 인숙을 보았다. 인상을 찌푸리고 있다. 10여 분의 시간이 흘렀다. 체육 선생은 해순의 주변을 돌며 지휘봉으로 자신의 손바닥을 툭툭 친다.

해순은 눈앞이 깜깜했다. 앞을 보았다. 인숙이 여전히 빨리 하라고 재촉하고 있었다.

해순은 두 눈을 질끈 감았다. 그리고 엎드렸다. 두 다리에 힘을 모아 튕겨 올렸다. 친구들을 계속 기합 받게 할 수 없었다.

영식은 두 눈을 질끈 감았다. 수군거리던 주변이 갑자기 쥐 죽은 듯 조용해졌다. 영식은 눈을 뜨고 앞을 보았다. 거꾸로 선 해순의 치마는 내려와 얼굴을 덮었고 흰색의 긴 체육복 바지 가랑이는 피가 묻어 붉었다. 영식은 어금니를 부서지도록 깨물었다.

내 너를 용서하지 않으리
내 너를 용서하지 않으리
이 세상 다하는 날까지
내 너를 용서하지 않으리

인숙은 놀라 잡은 손을 놓았다. 그러자 해순은 옆으로 썩은 통나무 쓰러지듯 넘어졌다. 인숙은 황급히 해순을 안았다.

"미안해, 미안해, 미안해. 용서해 줘."
인숙은 조그만 소리로 말했다.
해순은 양호실로 옮겨졌다.
보름 후, 급우들은 해순의 부고장을 받았다.
그 후 해순의 부모는 체육 선생을 상대로 딸아이의 죽음에 대해 책임을 묻고자 상급 기관에 사건에 대한 진상 조사와 처벌을 진정했지만 아무런 소득도 없이 사건은 유야무야 해순이가 땅속에 묻히듯 세상 속에서 묻혔다. 분명 해순은 체육 시간의 치욕으로 마음을 끓이며 식음을 전폐하고 입을 다물고 열지 않았다. 그리고 서서히 죽어 갔다.

오랜 과거를 회상하고 그 시절의 아픔에 친구의 눈에 눈물이 그렁하다. 우석 역시 고개를 돌려 창밖을 보았다.
"그때도 오늘처럼 늦은 가을이었지."
자조 섞인 목소리로 친구는 말했다.
"그 선생은 아직 어딘가에 살고 있을 거야. 참 세상은 불공평한 게 많아."
친구 희원의 눈에 눈물이 고여 있다.
우석은 모르던 고향의 사건이다. 참 슬픈 일이다.
스승과 제자 사이는 아주 가깝고 아름다운 만남이지만 그렇지 않은 경우도 허다하다. 그 원인이야 양쪽 다 갖고 있는 것이겠지만 예민하고 의식이 형성되는 학생과 다 큰 성인인 선생의 입장을 참작한다면 선생에게 더 많은 원인이 있다고 보여진다.

※이 이야기는 실제 있었던 사건을 토대로 쓰여진 것임.

헌법 소원

수신: 헌법재판소
제목: 국선 대리인 선임 신청서 및 헌법 소원에 대한 이유

경기도 안양시 동안구 신한은행 사거리(학원가 사거리)에서 버스 운전 중 모닝 소형 승용차와 추돌(후미 부분), 뺑소니로 연루되어 사건 조사 중 행정처분인 면허취소 당함. 이에 대한 부당함 소원.

국민신문고의 진정에 대한 안양 동안경찰서 통지서의 내용 중 "면허에 대한 행정처분은 지방경찰청장이 사고 여부, 운전 면허의 취소로 입게 될 불이익을 고려하여 판단할 수 있으며 형사적 처벌과 별도로 진행이 됩니다."

형사적 처분과 별도로 한다고 하여도 아직 수사 중인 사건에

대해 행정처분을 먼저 내리는 것은 부당한 처사입니다. 또한 지방경찰청장이 행정처분 집행을 하는 데 불이익을 고려한다는데 그 기준은 어디에 있으며, 변호사 선임을 비롯해 기타 어떠한 조치를 취해야 하는지.

수사 중인 사건을 수사 결과에 앞서 행정처분이 먼저 집행되는 것에 대해 헌법 소원을 통하여 바로잡고자 합니다.

헌법 소원은 꼭 변호사를 선임해야 된다고 하니 경제적 여유가 없는 저로서는 국선변호인을 선임하지 않을 수가 없습니다. 이 또한 잘못되었다고 보여집니다. 그래도 국선변호인을 선임할 기회를 주시는 것은 감사합니다.

변호사를 통하지 않고도 한 국민으로서 헌법 소원 제기가 가능하도록, 평등권의 기본으로 보장이 되어야 된다고 생각합니다.

상기의 두 건에 대한 헌법 소원을 위하여 국선 변호사 선임을 청구합니다.

2011년 6월 24일

이상이 소헌 본 내용이고 아래는 소설 형식으로 사건 내용을 덧붙였다. 다음이 덧붙인 내용이다.

2011년 6월 13일부터 취소된다는 면허, 수사는 재수사가 되어도 취소는 재수사 전 결정된 행정처분으로 집행되는 것도 문제란 생각이 든다.

결정도 안 되고 판결도 되지 않은 사고에 대해 집행부터 한다면 잘못되어도 한참 잘못되었다고 본다. 그것도 심증만 갖고, 확정적 근거라는 것이 피해자의 입장에서 꾸며진 조서로써 집행부터 한다면 인권을 무시해도 한참 무시한 공권력 행사라고 본다. 아니면 행정상의 문제로 별도의 처결을 하다 보니 그럴 수 있고 아니면 바쁘거나 과중한 업무로 인한 소홀일 수 있다는 생각이 든다. 관행상 그랬다면 인권이 무시된 공권력의 행사임은 분명하다. 무엇이라 단정하여 말할 수는 없지만 분명 잘못된 것만은 확실한 것 같다.

이것에 대하여 5월 6일 새벽쯤 국민신문고에 올렸다. 2011년 6월 13일 10시경 군포경찰서 교통 민원실로 면허취소에 대해 문의를 했더니, 취소 대상자로는 분류되었어도 취소는 되지 않았다고 했다. 신문고로 인한 것인지, 원래 판결 전까지 대상자로만 분류되었던 것인지 알 수 없지만, 행정과 검찰이나 법원의 집행이 따로 움직이다 보니 생겨나는 착오일 수 있다는 생각이 든다.

15일 다시 확인해 보니 13일부로 면허가 취소되었다. 아마 13일 오후부터 집행이 되었는가 보다.

만일 피의자가 권력의 핵심이거나 주변 가까운 사람이거나, 돈이 많아 변호사를 선임했다면 수사 중인 사건에 대해 행정처분이 집행되었을까? 심히 의심스러워진다.

이러한 불평등한 사례가 이루어진다면 심히 우려되는 인권

탄압이 아닐 수 없다.

마을버스 뺑소니 처벌은 합당한가.

2011년 4월 11일 자 뺑소니로 동안경찰서에서 조서가 이루어진 후 안양지원 검찰청으로 넘어가 뺑소니 처벌을 하라는 검사의 지시대로 동안경찰서에서는 행정처분을 내려 6월 13일경 면허취소가 이루어지고, 현재 진행 중이다.

이미 며칠 전 국민신문고에 마을버스 뺑소니 처벌은 억울하다는 글이 올라간 후 검사가 바뀌어 재조사에 들어갔다.

안양지원 검찰의 검사로부터 사고 당시 승객이 승차한 EB 카드 기록과 노선도를 가져오라는 전화를 받았다. 노선도는 삼영운수에서 손쉽게 구할 수 있었지만 EB 카드 기록은 알기가 어려웠다. 여러 곳의 전화 확인을 거쳐 겨우 단말기 관리 담당 김수○ 대리와 연결이 되었다.

김수○ 대리는 매우 깔깔한 목소리로 말했다.

"무엇에 쓰실 겁니까?"

"교통사고와 관련되어 검찰의 요구를 받아서 제출하고자 필요합니다."

잠시 뜸을 들이는가 싶더니 김수○ 대리는 말했다.

"영장이 없이는 기록을 보거나 자료를 가져갈 수 없습니다."

김수○ 대리의 냉랭한 목소리로 영장이 없이는 기록을 알려줄 수가 없다는 대답을 들었다.

분명 이건 아니라는 생각이 들었다. 그러면 버스의 수입이 얼마고 손님은 몇 명인지 국민의 알 권리를 카드사가 공공연히 막고 있는 것이 아닌가. 법으로 규정이 되어 있는 것인지 아니면 카드사의 횡포인지 알 수가 없다.

 나는 담당 검사에게 영장 없이 안 된다는 이야기를 전했지만, 카드사의 답변은 좀 황당하다는 느낌이 들었다. 범죄에 사용되는 것도 아니고 어떤 특정인의 인권이나 명예를 훼손하는 것도 아니다. 개인이 아닌 버스회사에서도 그 기록을 볼 수 없는 것인지…. 그렇다면 버스회사의 손익계산은 어떻게 할 것이며 운영상의 효율을 위해서는 승객의 승차에 대한 데이터를 알아야 할 텐데, 카드사의 말대로라면 버스회사 역시 볼 수 없다. 그러면 그런 것까지 영장을 가져오라는 횡포는 정부의 발상인지 아니면 카드사의 횡포인지 분명히 밝혀야 된다는 생각이 든다. 물론 검찰에서 어떻게 할지 알 수 없지만, 분명 무언가가 잘못되었음을 알 수 있다.

 앞으로 사건의 종결은 어떻게 날지 알 수 없다.

 세상에서 일어난 불합리한 제도나 규제, 현상들에 대하여 모든 것이 합리적으로 공정한 처리가 이루어져야 한다.

 그러나 만물의 영장이라 일컬어지는 사고思考하는 인간이 만든 구조는 이기적이고 편협함으로 가득 차 있다.

 강자에 의하여 만들어진 구조는 이기적 사고가 존재하는 한 늘 편협하고 불공정할 수밖에 없다. 인간이 만들었기에 인간에 의해 모든 구조와 법은 변경될 수 있고 불공정하게 이루어질 수 있다. 그 근본적 원인은 탐욕에서 비롯되었다고 볼 수 있다. 또한 그 탐욕은 인류 발전에 절대적 영향을 미쳤다고 볼 수 있다. 당연히 욕심이 없이는 노력이나 심혈을 기울여 쟁취하고자 하는 그 어떤 목표나 목적이 의욕의 소멸로 상실되기 때문이다. 우리가 말하는 에덴의 동산, 가장 이상적이고 아름다운 곳, 세상, 과연 그곳이 그럴까? 나는 그렇게 생각지 않는다. 모든 것이 소멸된 무형과 무의미, 존재 의미가 없는 곳이라 할 수 있다. 먹고 자고 섹스하고 생산을 하고 그것이 삶의 전부라고 말할 수 있겠는가.

 6월 7일 안양지청 이경ㅇ 검사, 20대 후반이나 30대 초반으로 보이는 아주 젊고 단아한 여자 검사이다.
 말라 보이는 검사보의 질문으로 조사가 시작되었다. 동안경찰서의 조서를 토대로 질문이 시작되고 답변과 변론으로 지리하게 이어졌다. 사전에 국선변호인이나 변호사를 입회시키느냐의 결정을 한 후이다.
 안양 동안경찰서에서의 질문과 별다른 차이가 없는 대화의 줄거리다. 상대에 대한 아니 피의자에 대한 객관적 추론을 놓고 반복적인 질문이 몇 시간에 걸쳐 이어진다. 이것은 수사과정이나 조서를 작성하는 과정에서 의례적으로 행해지는 대표적 대화의 일환이다. 피의자의 심신을 지치게 하는 요인으로 이어져 적정선에서 원하는 대화나 진술로 결론을 내리려는 유도적 심문일 수도 있다.

 그러한 나의 질문에 검사는 말한다. 그것이 우리의 할 일이고 상대를 의심하고 상대의 거짓을 밝히는 것이 검사가 하는 일이라고. 그러기 위해서는 반복적인 질문이 필요하고 그 과정에서 피의자의 진실을 찾아내는 것이라고.

 젊은 여검사의 말을 들으며 텔레비전에서 방영되는 '라이투미'라는 수사 시리즈를 연상했다. '라이투미'는 표정이나 제스처, 상대의 움직임을 통해 상대의 거짓과 진실, 내적 심리상태를 알아내 범인을 잡는 심리 추리 수사극이다. 생각보다 현상의 흐름을 정확히 집어낸다는 생각이 들었다. 드라마나 극이라 가능하지만 현실에서도 가능할 수 있다는 생각이 든다.

 4시간이 넘는 시간이 소요되었다. 결말은 의심과 진실의 중간선에서 서로 부담을 안은 채 종결되고 사건은 현재진행형으로 서행을 하고 나 또한 거짓말 탐지기 사용 이야기까지 진행된 상태이다.

 조서가 끝난 후 검사의 검증을 확인하는 과정에서 동안경찰서에서의 허위 진술이란 부분이 거론되었다.

 충격 소리를 들었느냐의 질문에서 동안경찰서의 진술서에서는 타닥 뚜루루 하는 소리를 들었다고 진술이 되었다. 검찰에서의 진술은 못 들었다고 했으므로 동안경찰서의 진술은 허위 진술이었다는 결론이었다. 그렇지만 외부이냐 내부이냐의 기록도 없는 동안경찰서의 진술기록을 볼 때 검찰의 질문은 외부였으므로 못 들을 수 있다. 특히 만원 버스의 실내는 매우 소란스럽다. 그러다 보니 외부의 소리는 거의 듣지를 못한다. 단, 사고 인지는 차의 충격 감각으로 느끼거나 백미러를 통해서 보는 경우에 가능하다. 충격이 크거나 앞쪽일 경우는 알 수 있지만 작은 충격이나 후미에 한해서는 승객이 만원일 경우 알기가 어렵다. 또 타닥 뚜루루 소리는 현금 넣는 돈 통에서 나는 소리이다. 그리고 차가 흔들리면 승객이 의자나 차창 유리나 벽에 부딪치는 소리가 무수히 난다.

검찰의 질문에 외부의 충격 소릴 듣지 못했다고 했다. 그 부분이 경찰서와 검찰에서의 차이, 허위 진술이라고 기재된 것이다. 그러나 검사보가 조금 더 치밀했더라면, 외부 소리는 못 들었어도 내부 소리는 들을 수 있다는 점을 생각했다면, 동안경찰서 진술을 허위라 기재하는 실수는 하지 않았을 것이다. 동안경찰서의 진술에서는 분명 외부나 내부의 장소를 구분하지 않았다. 그리고 질문 자체도 그랬다. 그러면 그것은 허위 진술이 아니다. 정정은 했지만 기분이 언짢은 것은 사실이다.

어쨌거나 검사나 검사보가 경찰서의 수사기록을 통해 본 느낌은 운전자가 모른다는 것이 이상하다는 것이다. 몇 번에 걸쳐 반복적으로 그 당시 현장의 이야기를 들으니 사건 현상의 실마리들이 엉클어져 버렸다. 나를 뺀 다른 사람들은 내가 알면서도 모른 체 오리발을 내민 것이 아닌가 생각하는 것 같았다.

"버스의 경우라도 잘못에 대해서는 면죄부를 받을 수 없습니다."

　이 검사의 말에 공감은 한다. 그렇지만 전혀 모르고 간 것과 심야 시간대라 보는 사람들이 없다고 여기면서 그냥 가는 것(예를 든 것임)은 다르다. 더구나 밤 9시, 혼잡하고 많은 사람들이 보는 현장에서 사고를 알면서 뺑소니를 칠 수 있겠는가! 모르지 않고는 그냥 갈 수가 없다. 아무리 아이큐가 두 자릿수라도….

　운전에 자신감을 갖고 있고 이미 만안운수에서 50일가량 마을버스 운전을 했으므로 어느 정도 현실 파악이 가능한 상태이다. 그런데 나는 전혀 알지를 못했다. 사고가 났다고 주변에서 말할 때, 나는 도로가 좁고 좌우에 차량이 주차가 되어 있어 아주 복잡하고 막히는 대림대학 주변, 임곡 주공에서 나오는 길에서 난 사고가 아닌가 하는 생각이 들었을 정도였다.

　동안경찰서 수사에서도 형사의 질문에 알 수 없는 사고에 곤혹감을 느끼며 대답을 하지 못하자 형사 특유의 말투인 강약을 적당히 조합한 어투로 고압적으로 던지는 말.

　"당신 다 알면서 왜 모른 체해, 그런다고 죄가 가벼워지는 것도 아닌데. 솔직 담백해야 검사에게 후한 점수가 올라갈 수 있어. 신한은행 사거리에서 난 거 몰라요? 당신 신호 위반하면서 갔잖아, 그 당시 교통정리를 해 주던 의경이 다 보았다는데…."

　신한은행 사거리, 그게 어디지? 나는 고개를 갸웃거리지 않을 수 없었다.

"그 학원 많은 데 있잖아."

그제야 나는 사고가 난 현장을 떠올렸다. 그곳이 혼잡하다는 것은 알았지만, 사고의 느낌이나 승객들의 반응은 전혀 없었으며, 아무런 소요도 일어나지 않았으므로 나는 알지 못했다. 특히 혼잡한 사거리고 이미 사거리 내에 진입했을 때는 신호가 바뀌면서 건너편에서 좌회전하는 차량이 진입하고 있어 어디 다른 곳에 신경을 쓸 여유가 없었다. 특히 좌우 백미러를 살펴야 하는데도 앞만 보고 달릴 수밖에 없는 상황이었으므로 사고를 감지할 수가 없었다. 그래도 뒤쪽 승객들은 알 수가 있었을지도 모른다. 감각으로는 운전자가 앞서 있지만 시각은 승객이 앞선다. 그렇지만 모닝(나중에 형사의 이야기를 통해서 알았다)이 소형차이니 창문 가까이 머리를 대고 아래를 내려다보지 않고는 알 수가 없겠다는 생각은 들었다. 그날 목격한 의경은 차량 번호도 기억하지 못하고 다음에 오는 7번 마을버스 기사에게 물어보고 알았다는데, 그 차가 내가 운전한 차인지도 알 수가 없다. 그곳은 많은 버스가 다니는 곳이다.

의경의 진술서와 조사한 사진까지 보여 주는 형사 앞에서는 변명을 할 여지가 없었다. 알 수 없는 사고지만 명확한 증거와 중인을 내보이며 심문하는 형사 앞에 두 눈만 껌벅거릴 수밖에 없었다.

지금 검사 앞에서 차량의 사고 부위를 보면서 자꾸 의심이 간다. 높이도 안 맞는 것 같고, 흠집이 아주 미세하게 보이는데 그곳이 사고 난 진짜 부위인지 알 수가 없다.

　확실한 과학적 수사, 내 차의 파손된 부위에서 발견된 흔적이 피해 차량과의 그것과 같았는지, 과학적 검사를 했는지도 의심스럽다. 분명 안 했을 것이다. 의경이라는 확실한 증인이 있는데, 무슨 검사가 필요하겠느냐는 생각도 들 것이다. 나 역시 변명을 늘어놓기에는 여지가 안 보인다. 그러나 나는 분명 몰랐다. 뺑소니 하면 중과실로 엄벌에 처해진다는 것은 누구나 다 알고 있는 상식인데, 그 상식을 모를 정도로 몰상식한 사람도 아닌데, 더구나 누구나 한 번 보면 알 수 있는 마을버스가 아닌가.

　그리고 한 가지 더 열거하자면 삼류 소설가요 시인이지만 그래도 글을 쓰는 사람이다. 공인기관으로부터 인정을 받아 등단하고 협회에 가입까지 했다. 작가는 분별력과 올바른 판단력을 갖추어야 한다. 독자에게 잘못된 의식과 인식을 심어 주어서는 안 되기에 작가는 바른 상식의 소유자여야 한다.

　이제는 지켜보아야 한다.

권력의 편중을 막고,
바른 사법부를 위하여

인터넷 검색을 하다 정원섭 목사의 억울한 옥살이를 보았다.

생각을 하는 인간이 그 수가 늘어나면 사회, 단체, 국가라는 집단체가 형성된다. 그리고 집단은 힘에 의한 서열이 형성되고 강자에 의한 통치가 시작된다.

소수의 강자에 의해, 다수의 약자는 유린당한다. 그에 맞서서 싸우는 현상은 인간이 존재한 후 계속적으로 이어져 왔다.

다수를 차지하지만 약자의 유약함과 의식과 인식의 차이 때문에 단합은 어렵다. 통치자인 강자들은 그러한 인간의 속성을 유효 적절히 이용하여 자신이 이루고자 하는 탐욕을 채워 나간다.

작금의 현실을 보고 있노라면 가슴속 깊숙한 곳으로부터 치밀어 오르는 분노의 붉은 암덩어리 같은 응어리를 풀 길이 없다. 권력 구조의 편중, 권력층의 분포도를 자세히 보면 금방 알 수 있는 현상이다.

　사법부 출신이 권력 기관에 금으로 된 방석을 깔고 앉은 현상은 쉬이 눈에 띈다. 대략적으로 삼권의 전체에 80퍼센트 이상으로 보인다. 요사이 박근혜 대통령 역시 각 요직에 사법부 출신을 기용하고 있다.(박근혜 대통령의 의도가 아닌, 같이 걸어온 조직의 압력이나 밥그릇 차지하기의 조직 싸움으로 인한 부작용일까?) 이러한 현상은 철권의 사법부가 법률로 보장된 검·판사의 면책권을 이용해 아무런 양심의 가책도 없이 없는 죄를 씌워 정원섭 목사와 같은 비인도적 사례를 수없이 양산한다는 데 크나큰 문제가 있다고 본다.

　입법부, 행정부, 사법부 그 어디를 찾아보아도 사법부 출신이 가장 많은 자리를 차지하고 있고 또 요직을 맡으며 권력을 주무른다. 아무리 언론이 소리를 쳐도 눈도 깜박 안 하는 것은 모든 권력의 중심에 사법부 출신이 자리하고 있기 때문이다.

　고시 준비하느라 세상을 볼 시간도 없었고, 윤리와 도덕의 근본적 뿌리를 망각한 채 고시에 합격하여 국가의 국민을 상대로 법률 위반에 대한 죄를 논한다.

　도덕과 윤리와 인간 내면의 속성이나 의식 그리고 사회의 전반적 흐름을 파악하지 못한 상태에서 육법전서만을 놓고 방망이를 두드린다.

　특히 가난과 불행한 환경 속에서 유년을 보내며 증오와 분노를 키운 사람들이 자신의 복수를 위해 고시 공부에 몰두하여 합격한다. 그리고 검·판사가 되어 방망이를 휘두른다. 당연히 그 방망이는 불특정 다수에게는 정의를 배제한 복수의 칼날이며 억울한 이를 양산한다. 권력에 대한 노리개인 법률의 면책 속에 크나큰 죄악을 아무런 양심의 가책도 없이 저지르는 것이다. 아마 대다수의 사법부 사람들이 그럴 것이라 본다. 소수의 예외도 있겠지만 다수에 밀려 사법부는 정의보다는 보이지 않는 지난 세월 속 복수의 칼로 현실을 난도질한다. 그러므로 사법부 사람들은 지나치게 불우하거나 가계도에 비윤리적 사고나 잔인성을 지닌 계보는 제외되어야 한다.

따라서 등용에 있어서도 고시에만 중점을 두어서는 안 된다. 사회의 여론과 주변 이웃의 역량과 흐름에서 인재를 가려 등용시켜야 할 것이다. 더 좋은 방법이야 검사나 판사도 임기를 3, 4년으로 하여 국민이 뽑는 것이 매우 좋은 방법이라 본다.

모든 사건은 판결에 앞서 도덕과 윤리를 기초로 하여 정의에 준하여 검사가 이루어져야 한다. 그러므로 사법 등용은 육법전서의 기준보다 도덕적 인간성에 더 역점을 두어야 한다. 그러하지 못해서 오늘날 아무런 죄의식이나 최소한의 양심도 없는 검·판사와 법관들을 양산하는 오류를 범하고 있는 것이다.

정원섭 목사의 빼앗긴 36년과 명예는 어디서 보상을 받을 것인가! 70세가 넘은 나이에 돈이 무슨 소용이 있겠는가.

그 사건의 일차적인 책임은 박정희 전 대통령에게 있다. 진실을 찾는 것이 중요하지 사건의 신속한 처리가 중요한 것이 아니다. 그런데도 철권 통치자로서 사건을 빨리 처리하라 함은 힘 약한 하급자는 절대자에 대한 두려움으로 인해 진실보다는 정의를 배제한 신속한 업무 처리를 할 수밖에 없다.

정의하고는 거리가 먼 사법부의 실상이 여러 곳에서 여실히 드러난다. 권력의 편중을 막기 위해서는 삼권 분립의 균등한 분배가 절실하다고 본다. 사법부를 제외한 입법부와 행정부에는 사법부 출신 인물이 기용되어서는 안 된다. 그에 대하여는 국민이 만든 법률로 원천적 뿌리를 제거하여야 한다.

문학에 미쳐 오랜 세월 세파에 부딪치며 살아오다 어느 날 일이 터졌다.

지난 2011년 4월 4일 안양시 동안구 평촌동 학원가 사거리에서 밤 9시경 만원 버스 운행 중 뒷바퀴에 소형 모닝 승용차가 추돌했다. 60여 명 승객 중 어느 누구도 사고를 인지하지 못했다. 버스는 대략 70여 미터 앞에 있는 버스정류소에서 승객을 승·하차시키고 다시 달렸다.

며칠 후 동안경찰서의 통보를 받고 출두하였다. 뺑소니란다. 도주가 아닌 승객을 태우고 내리고, 일상적 업무를 보았을 뿐이다. 그 시각부터 진실과 정의에 대한 지리한 싸움이 시작되었다.

안양지청 이경ㅇ 검사. 버스 뒷바퀴에 부딪힌 것을 들이받았다는 왜곡된 공소사실로 기소를 하였다. 안양지원 판사 이영ㅇ은 징역 6월에 집행유예 2년을 선고하였다. 유죄 판결이라….

그 후 이영ㅇ 판사는 가당치도 않게 청주지법 부장판사로 승진해 근무 중이다.

변호사 없이 홀로 항소를 하였다. 기각. 항소심에서 기각시킨 수원지법 이은ㅇ 부장판사.

대법원 상고. 대법관 민일ㅇ, 신영ㅇ, 박일ㅇ, 박보ㅇ의 판결의 요지는 자유심증주의의 한계를 벗어나지 않았으므로 기각을 한다는 내용이다.

참 기가 막힐 노릇이다. 서민이나 일반인이 자유심증하면 증거가 아니라며 무시되고, 법관은 되지도 않는 논리로 법정 용어 운운하며 말장난하는데도 자유심증주의의 한계를 벗어나지 않았다며 없는 죄를 만들어 낸다. 사법부의 뻔뻔함에 치가 떨린다.

정원섭 목사 건은 그렇다 해도 김기웅 순경 건과 옥천경찰서장 박용운 사건은 경찰이라는 공직이 무색할 만큼 검·판사의 면책 권한을 이용한 기소와 판결이 안하무인의 극치를 보여준다.

이미 진실을 알면서도 두드린 법정의 방망이. 특히 정원섭 목사의 재심에서 무죄판결이 정당함에도 항소와 상고를 하는 검찰의 뻔뻔함. 그러한 행위는 살인에 버금갈 범죄 행위이며 정신분열자들만이 행할 수 있는 행동이라 본다.

그러므로 국민참여재판의 절대성은 시급한 문제로 보인다. 검사 역시 기소나 공소사실의 오류을 범하면 객관적 국민청문회를 통하여 죄를 물어 처벌할 수 있는 법 조항이 만들어져야 한다.

그것이야말로 진정한 민주주의가 아니겠는가.

안양지청 이경O 검사를 상대로 사건에 대해 소송을 냈더니 피고가 대한민국이고 이경O은 간데없고 젊은 남자 법무관이 피고석에 앉아 있다.

또한 사법부의 등용문, 오랜 시간 홀로 고시 공부하는 고단하고 긴 시간으로 인해 시야가 편협해질 수밖에 없는 게 현실이다. 따라서 시험 위주의 등용에서 벗어나 정의, 도덕, 사회의 보편적 타당성과 기준점을 마련해 인성 위주로 등용해야 한다. 그래야 괴물 같은 사고, 탐욕에 눈먼 사람을 등용하는 오류를 피할 수 있을 것이다. 인간이 그릇되고 탐욕된 생각의 틀에 얽매여 있는 한 진정한 민주주의는 존재할 수가 없을 것이다.

재심청구를 했다. 비록 경미한 사건이기는 하지만 진실과 정의가 승리하는 날까지 싸울 것이다.

그리고 한 가지 더 진짜 하고 싶은 말이 있다.

권력의 편중을 막거나 최소한 견제하려면 국민이 단합하고 단결해야만 가능하다.

우선 국민이 단결해 국민투표로 이루어지는 선거에서 사법부 출신을 뽑지 않는다면 다소나마 권력의 편중을 막을 수 있지 않을까 조심스럽게 의견을 내 본다.

봄비가 내리고 있다
새봄의 파아란 싹이 올라올 텐데….
탐욕에 눈먼 세상은 뿌우연 연무를 뿌리며
휘청거리며
노숙자 즐비하게 드러누운 골목길
밟으며 간다

부러진 삭정이처럼 널브러져
쓰러져 간
세상 한 자락.

사랑의 매와 폭력의 차이는 무엇인가

"자퇴를 했다고. 이유가 뭐야?"
"담배 피웠다고 죽도록 패잖아."
권영근은 고등학교에 장학생으로 입학했다. 성격도 쾌활하고 활동적이라 친구들에게 인기도 높았다.
종례 시간이다. 담임 선생이 몇 가지 전달 사항을 전하고 마지막으로 권영근을 불렀다.
"권영근, 너 혹시 뭐 잘못한 거 있어? 훈육 선생님이 찾던데. 종례 마치고 가 봐. 이상."
"차려! 선생님께 경례."
영근은 겁이 난다. 무섭기로 소문난 훈육 선생이다.
'무슨 일로 나를 부를까?'
영근은 교무실로 향했다.

"선생님 부르셨습니까?"

학습 자료를 정리하시던 선생이 영근의 목소리를 듣더니 고개를 들어 쳐다보았다.

"어, 그래 그 앞에 의자 갖다 놓고 앉아."

훈육 선생은 정리하던 자료를 챙겨 옆으로 밀쳐 놓았다.

"너 지금부터 묻는 말에 바른 대로 말해, 알았지."

"예."

"너 담배 피우지."

권영근은 입술을 꽉 물었다. 드디어 올 것이 왔다. 누군가 고자질한 것 같았다.

"학교서는 안 피웠습니다."

선생의 눈 끝이 가늘어졌다.

선생은 의자에서 일어났다. 그리곤 옆 책상 위에 놓인 50센티가량의 단단한 지휘봉을 들었다.

권영근의 배를 지휘봉으로 꾹 찌르며 선생은 말했다.

"그러면 밖에서는 피웠다는 거냐."

권영근은 말하지 않았다.

"이자식이 귀 처먹었나. 내 말이 우스워, 왜 대답을 안 해?"

"야간에 아르바이트할 때 피웠습니다. 그렇지만 학교에서는 피운 적 없습니다."

"허 이놈 봐라, 그게 그거지. 담배 피우는 것은 맞잖아. 이게 누굴 놀려."

선생의 지휘봉이 무릎으로 떨어졌다.

권영근은 밤에 아르바이트를 하고 있었다. 계모가 주는 용돈이 거의 없다 보니 자신이 쓸 돈과 기타 들어가야 할 비용을 스스로 벌어서 충당해야 했다. 비록 장학생으로 들어가 학비는 면제되었으나 그것 말고도 필요한 돈은 많았다.

그래서 야간 아르바이트를 한 곳이 관광 나이트 클럽의 웨이터였다. 그곳의 생리상 어울리다 보니 본의 아니게 담배를 피우게 되었다. 그렇지만 권영근은 절대로 학교에서는 담배를 피우지 않았고 갖고 다니지도 않았다. 학교에 등교를 하게 되면 학생의 본분으로 돌아가 공부에 열중하고 최선을 다했다.

시기하는 자로부터 권영근은 고발되었으며 크게 모략을 받았다.

"한 대에 한 번씩 숫자를 크게 외친다."

"따악. 따악."

"하나, 둘, 셋,…마흔…여든….'

권영근은 쓰러지지 않았다.

훈육 선생의 매는 계속 이어졌다. 희미한 미소와 가늘어진 눈매에 살기를 돋우며 매는 계속된다.

가학적 희열에 젖어 있는 선생.

백 대를 맞고서야 권영근은 근육 경련을 일으키는 다리를 끌고 집으로 돌아올 수 있었다. 권영근은 며칠을 걸을 수가 없었다. 그 후 권영근은 학교를 나가지 않았다.

그는 지금 고교 중퇴자로서 사회의 소외계층 속에 섞이어 매일이거나 이틀에 한 번 꼴은 만취해 살아간다. 건설 현장에서 막일을 하며 세상을 향해 개떡을 먹이며 소리친다.

"나도 한가락 했어, 고등학생 때 장학생이었다고, 그 개뼈다귀 같은 선생만 아니었어도…. 흐흐흐."

그렇게 망가져 갔다.

한 선생의 지각 없는 행위가 능력 있는 한 청년을 낙오자의 길로 들어가게 했다.

일상에서 일어나는 어떠한 현상에 대하여 사람들은 자신의 기준에 의하여 옳고 그름을 결정한다. 그 결정은 도덕이나 윤리와 학교 교육의 바탕과 가정 교육이 기초가 된다.

그러면 권영근의 행위에 대하여 여러분들에게 묻고 싶다.

옳으냐 잘못됐느냐? 의견이 분명 갈릴 것이다.

설령 잘못됐다는 기준이 잡히더라도 얼마든지 말과 사랑으로 설득이 가능하다. 폭력은 안 되는 것이다. 어떻게 선생님이란 영광스러운 표찰을 달고 무지막지한 폭력을 행사할 수 있을까?

그 선생은 아직도 어느 고등학교에서 교편을 잡고 있을지도 모른다. 아주 낙후한 사고방식으로 학생들을 도퇴시키며….

자고로 선생님이라 함은 선각자이어야 한다. 선생님의 의식은 늘 새로운 인식과 자각으로 시대의 흐름에 맞추어야 한다. 그것을 못할 경우 학생들은 발전이 아닌 제자리걸음을 할 수 있다. 아니 오히려 의식에 흐름을 맞추지 못함으로써 의식의 형성을 더 망가트릴 수 있는 현상이 일어날 수 있다.

어린 날의 기억은 고정된 신념으로 뿌리를 내려 고정화된 의식이 될 수 있다. 어느 현상으로부터의 고정화된 의식. 선생님의 행위는 학생들에게 고정의식을 심어 줄 수 있으므로 매우 중요하다.

1970, 1980년대의 교육을 받은 고정화된 의식으로 학생을 가르친다면 지금 새 세대의 학생들은 반발할 수밖에 없다. 구시대의 유물 같은 생각들을 주입시킨다고 새 시대의 의식 있는 젊디젊은 학생들이 무조건 따라가 주겠는가? 그러한 생각을 갖고 있다면 크나큰 오류이다.

그래서 새 시대에 새 의식이 형성되어 있는 신세대 젊은 선생님으로 교체되어야 한다. 정년은 연장이 아니라 당겨야 한다. 그러면 일찍이 일선에서 물러난 선생님들은 어떻게 하느냐? 그것은 범국민적 차원에서 정부의 시책으로 노후를 백 퍼센트 책임지는 형태로 이루어져야 한다.

최근 우리나라의 일등주의와 주입식 교육의 폐단점을 나름대로 분석하고 연구하여 어떻게 하면 올바르고 바른 인성 교육을 시킬 수 있는가 하여 생겨난 대안학교가 있다. 조금 더 지켜볼 여지가 있지만 대단히 고무적인 현상이다.

※이 이야기는 실제 있었던 사건을 토대로 쓰여진 것임.

재벌 그룹의 골목 상권 침입

최근 아파트 단지 내 슈퍼가 개인에서 홈플러스로 바뀌었다. 건너편 4단지 내 상가는 대형 슈퍼인 홈플러스가 들어온 지가 오래되었다.

대기업의 마수가 골목 상권까지 속속들이 침범하여 소상인들의 터전을 빼앗고 그들을 죽음으로 내몰고 있다. 우려가 된다. 머지않아 전국 골목 골목이 대기업의 마수에 잡아먹힐까 걱정이 된다.

부익부 빈익빈이라는 절대 순환이 지속되고 가진 자들의 세상이 되면서 서민은 한의 고독 속으로 내몰리고 있다.

새로운 박근혜 정부, 전경련보다는 중소상인협회를 먼저 방문하고, 무엇인가는 서민 정책의 일환으로 보여진다.

최근 대기업에서 근무하는 사람과 이야기를 나누게 되었다.

대기업의 문어발식 확장의 차단, 중소상인·중소기업의 활로를 위해 일부 제품에 대해 생산 제한을 두었다. 우선 한 가지만 거론한다면 전기밥솥의 경우 대기업 생산을 막고 몇 중소기업의 제품으로 독과점을 만들어 주었다고 한다. 그 결과 경쟁이 사라지다 보니 가격이 30퍼센트나 올랐다. 결국 소비자인 국민만 비싼 가격으로 제품을 구입하게 되었다. 이는 중소기업 보호책으로 생겨난 부작용 아닌 부작용이다. 정책을 시행하려면 미리 이러한 결과를 예상하고 원가 산출 기준을 마련해 독과점으로서의 가격 상승을 제한했어야 된다. 그것은 지금도 늦지 않았다고 본다.

요사이 대기업이 협력업체에 행하는 불공정거래에 대한 실상과 부당함이 매스컴을 울리고 있다. 정부에서 칼을 빼 사정에 들어가는지 요란하다.

공정거래위원회, 말만이 아닌 실사를 통해 수없이 자행된 대기업의 횡포를 뿌리 뽑아야 한다. 그러자면 많은 걸림돌이 있을 것이다. 특히 대기업의 판로, 예를 들자면 백화점과 대형 마트의 유통에 목을 매고 있는 중소기업의 어려움이다.

소비자가 상품 안목을 백화점과 대기업이 운영하는 대형 마트에 지나치게 의존하는 경향이 있다. 똑같은 상품이라도 백화점 판매 상품은 우수하게, 똑같아도 백화점 및 대기업 대형 마트 외에서 판매되는 상품은 싸구려나 하자 있는 상품으로 인식하게 된다. 이렇다 보니 중소기업에서는 살아남기 위해서 대기업에 목을 걸 수밖에 없는 것이다.

  소비자 역시 이면을 들여다보면 중소기업과 소상공인들을 궁지로 몰아가는 데 큰 역할을 했다고 본다. 우리 동네 역시 대기업의 대형 마트가 들어오니 오히려 일이백 원 비싸도 대형 마트로 몰리는 것을 볼 수 있다. 오랜 시간 각종 매스컴을 통해 홍보함으로써 대기업이 가지는 위상과 대기업을 선호하는 주민 의식 때문일 것이다.

  소비자 역시 원원의 사랑 나눔이 있다면 편협한 시각과 사고를 바꾸어야 한다. 그래야만 중소기업과 중소상공인을 살릴 수 있을 것이다. 그러기 위해서는 많은 노력과 시간이 필요할 것이다.

  정부의 사정이 시작되면 대기업에서는 비밀리에 협력업체에 압력을 가할 것이다 .

  "물건 계속 판매하려면 알아서 기시오."

  그러면 중소기업체인 협력업체는 꽁지를 내리고 부당한 대우에 대하여 입을 다물 것이다.

  얼마만큼이나 불공정거래에 대한 사정이 될까 궁금하다. 우려를 금할 수가 없다. 재벌 그룹들이 풀어놓은 먹이사슬의 부정하고 정의가 부재된 조직의 등쌀에 어느 정도 사정이 가해질까 의문이 든다. 한국적 민주주의의 적당한 통제에 의한다면 가능할까. 법치주의의 맹점인 부재된 정의, 민주주의에서 가능할까?

자본주의 사회의 병폐인 정경유착의 먹이사슬의 조합. 재벌의 돈 속에 얼마나 많은 사법부와 국회, 권력자들이 깊이 관계돼 있을까? 타개할 길이 있을까?

물이 한곳에 오래 고여 있으면 썩는 이치는 천고 불변의 진리다. 특히 공무원의 세계에서 가장 두드러진 현상으로 나타난다. 절대로 공직자는 한곳에서 오래 머물러서는 안 된다. 최소 2년 이상의 근무는 바로 썩는 현상으로 이어질 것이다. 특히 권력 기관인 요처의 근무자는 오래 공직에 두어서는 안 된다. 회전하듯이 이목을 피하기 위해 정기적으로 들어가고 나가는 방식으로 인사가 행해지는 현상도 많다. 그러한 부당한 관례를 차단코자 사정의 칼은 매워야 한다. 또한 포상 신고제의 비밀을 법으로 확실히 보장하여 썩은 물을 걸러 내야 할 것이다.

국회의원 역시 삼선이나 사선에서 차단을 하여야 한다. 오래 할수록 썩는 것은 당연한 이치, 그것을 차단코자 법으로 사선 이상은 출마에 제한을 두는 것이 옳은 것이라 본다.

밝고 맑은 사회를 이루는 것은 국민이 혜안으로 세상을 보고 주권을 행사하는 것이다.

국민 여러분, 당신의 신성한 권리를 밝은 혜안으로 행사하여 밝은 사회를 만들어 갑시다.

불량 서클은 정상적인 집합체에서 양산되는 것은 아닌가

　민지는 자신이 소외되어 가는 것을 예민하게 감지를 했다. 그래서 민지는 학교생활이 견디기가 힘들 때가 많다.
　어느 날 아빠에게 말했다.
　"아빠, 나 전학 보내줘."
　민지의 아빠 우석은 민지를 빤히 쳐다보았다.
　"왜 학교 다니기가 싫어?"
　"응, 애들이 날 이상하게 쳐다봐."
　우석은 자신과 민지를 보았다. 다리가 하나가 없다.
　"아빠, 우리 생활보호 대상자에서 빼면 안 돼?"
　우석은 우울하게 천장을 올려다보았다. 지금의 생활로는 생활보호 대상자를 포기하기가 힘들다. 그렇지만 아이들이 힘들어한다.

대략 일 년 삼 개월 전 민지는 친구가 다니는 학원에 다닌 적이 있었다.

어느 날 민지는 흐린 얼굴로 돌아와 우울해했다.

"민지야 너 오늘 안 좋은 일 있었어?"

우석은 민지의 표정을 살피며 말했다.

집안일을 하고 있던 민지는 동작을 멈추었다.

"속상해."

"얘기해 봐, 무슨 일이야?"

"글쎄 친구 엄마가 학원에 찾아와서 학원 선생님들에게 막 삿대질을 하며 자기 딸과 나를 같이 어울리게 했다고 난리인 거야."

"뭐라고!"

우석은 민지의 말에 놀랐다.

우석은 알 수 있다. 민지가 어미 없는 자식이고, 더구나 자식 버리고 집 나간 여자의 자식이니까 나쁜 아이일 것이라고 단정 짓는 것이다.

우석은 안다. 비록 자기의 자식이라 편견을 갖기 쉽지만 남을 해하고 나쁜 길로 끌어들일 아이가 아님을 안다.

심약하고 섬세한 아이다.

"당장 조치를 취하지 않으면 자기 딸을 다른 곳으로 옮긴다는 거야."

우석은 창밖을 보았다. 공장 지대라 불빛조차 뿌옇게 내린다. 저녁의 회색빛 어둠이 우울하게 내린다.
　생각했다. 이제 우석은 어떠한 조치를 취하느냐? 학원을 찾아가 그 여학생의 엄마를 만나 뺨이라도 올려붙여야 되느냐 아니면 조용히 학원을 그만두도록 하느냐.
　"그 사람, 아주 나쁜 여자구나."
　민지는 고개만 끄떡인다.
　"학원 선생님들은 뭐래."
　민지는 방 안을 쓸다 멈추고 대답했다.
　"그냥 쩔쩔매기만 했어, 워낙 아줌마가 막무가내라…."
　"아빠가 쫓아가서 뭐라 그럴까?"
　"아니야 아빠 됐어. 학원 그만두면 되지 뭐."
　민지는 하던 일을 다시 한다. 우석은 참 기분이 쓰다. 분노도 일어나고 화가 꾸물거리며 머리로 오르는 느낌이 끈적하니 기분을 나쁘게 한다.

　그 여자의 법석은 학원에서도 당혹스러워했다. 불분명한 이유로 자신의 자식만을 지키려는 과잉 보호는 당연히 곤욕스러운 문제가 아닐 수 없다. 학원생을 잃는다는 것은 학원으로서 손실이니 처신이 곤란했다.
　자식을 맡겼으면 믿어 주는 것도 괜찮을 텐데, 사사건건 관여하는 것은 서로에게 부담이며 공정한 교육에 문제를 일으키는 심각한 요인이 될 수 있다. 다수의 집단에서 부모의 튀는 행위로 인해 그 자식이 소외되는 경우를 종종 볼 수 있다.

 사람은 체험이나 경험을 통해 사회를 살아가는 진리와 처세를 터득하게 된다. 사회적 인간으로 자신을 만들고 형성해 간다. 그러나 그 과정에서 특별한 위치로부터 간섭과 과잉보호와 조정을 받으면 사회적 적응 능력이 퇴보될 수 있다.

 위에 말한 부모의 행위는 바람직하지 못하다고 본다.

 옳고 그름의 판단은 단순히 학교 교육만으로 이루어지지 않는다. 교육의 기초 바탕 위에 체험과 경험을 토대로 인식을 정립하였을 때 비로소 의식이 성립되는 것이다.

 나쁜 행위, 즉 바르지 않은 행동을 이론으로만 알고 있다고 보자. 이론과 실제는 여러 방향에서 변수가 작용하므로 체험 없이 교육 이론만 갖고 판단을 내리려면 심한 혼동을 겪을 수 있다.

 부모가 바르지 않은 의식으로 자식을 대하고 특정 행동을 강요한다면 그 아이의 의식 형성은 특별할 수밖에 없다.

 그 학생의 부모는 분명 심한 콤플렉스를 지니고 있을 것이다. 지나온 날들의 가정교육을 보면 쉽게 짐작이 된다. 환경과 살아온 주변이 모든 것을 만드므로 어렵지 않게 추정할 수 있는 논리이다.

 첫째, 공부를 못했음.

 둘째, 정상적인 가정에서 자라지를 못했음.(결손가정. 화목하지 못한 가정. 부모의 낮은 사회적 위치. 바른 교육의 부재

로 극복 실패)

  셋째, 경제적으로 낮음.

  넷째, 그로 인한 열등의식.

  다섯째, 잘못된 의식과 인식으로 나타나는 피해망상의 현상.

  불량 서클. 그 집단은 근본적으로 소외계층에서 만들어진다고 본다. 주로 그 주축 맴버는 결손가정의 아이들이며 동병상련의 고통을 위로하거나 나눔으로써 결속되는 단체라고 보여진다. 또한 결손가정이 아니라도 불우한 경제적 사회적 지위의 소외계층 자제 역시 같은 집단의 맥락으로 보아도 무방할 것이다.

  아픔과 고통을 통한 결속체는 상상 이상으로 힘이 강해진다. 감히 주변의 어느 누구도 터치가 불가능해지리라.

  여기서 가장 중요하게 생각해야 하고 깊게 다뤄야 할 문제가 있다. 그 이면에는 가정이란 집합체가 있고 거기서 걸러진 의식과 인식을 통해 일상의 현상으로 나타난다. 거기다 부분적 일부는 선생님들의 사고에 의한 행위로 연결되어 현상된다.

  자식의 안위와 개인의 욕망을 위해 부모는 지나치다 싶게 사회의 일반적 흐름을 뒤집는다. 그 결과는 두 개의 집단을 극도로 분열시켜 대립의 양상으로 발전시키게 된다.

  불우하거나 결손가정의 학생들은 정상적인 가정의 따뜻함으로 감싸 주어야만 착실하고 긍정적인 좋은 학생의 길로 인도될 것이다.

 부모님들이여! 한 발자국 뒤로 물러나 심사숙고하여 아이들의 인식에 오류와 편견을 심지 않도록 노력합시다.

삼국통일에 대한 바른 이해
― '대왕의 꿈' 드라마에 대하여

　요사이 KBS에서 하는 드라마 '대왕의 꿈'을 보면서 은근히 치밀어 오르는 부아를 참을 수가 없다. 김춘추란 인물은 결코 대한민국의 자랑거리가 아닌 대한민국을 소국으로 만들고 같은 민족을 배신한 인물이다. 그런데 그런 인물이 주인공으로 좋게 그려진 드라마가 안방극장에서 방영된다니 이 무슨 나라 욕보이는 일인가. 같은 민족과 땅을 중국의 이민족에게 팔아먹고 손가락만 한 거 하나 겨우 갖고는 삼국통일을 했네, 병신 꼴값을 떨었다.

　오랜 역사의 시간 속에 많이도 미화되었던 김춘추, 삼국통일을 이루어 냈다는 칭송으로 변질되었던 장본인 김춘추, 오늘 대한민국의 입장에서 냉철히 판단한다면 김춘추는 당나라에 고구려의 국토인 만주 요동 벌판을 팔아먹은 매국노가 아닌가.

그 김춘추만 아니었다면 지금쯤 역사의 판도는 어떠했을까? 추정해 본다면 토끼나라로, 조그마한 소국으로, 중국의 눈치를 보는 나라로, 약소 국가로 전락하지는 않았을 것이다. 국사 공부를 하고 역사책을 보았다면 김춘추의 행위와 소인배의 사고가 오늘의 울분을 만든 장본인임을 알 텐데.

관악산을 돌아 오래전 다녔던 길을 따라 내려오니 정부종합청사 좌측 면으로 정부 기관이 들어와 철조망을 치고는 길을 막고 있다. 안내문이 어디에도 없다 보니 다 내려와서는 과천시로 나오지 못해 우측으로 한참을 돌아 나왔다.

울화가 치민다. 국민이 없이 어떻게 나라가 존재하겠는가. 정부 기관입네 하고 국민이 다니는 길을 함부로 막아도 되는 건가.

표준협회니 공정거래위원회, 국사편찬위원회, 기타 등등. 몇 개가 큼지막한 건물을 짓고 들어앉아 있다.

국사편찬위원회라….

역사의 기록은 승자에 의한 기록으로, 권력을 잡은 사람이 아무리 못된 짓을 하여도 기록은 권력자에 의해 미화가 된다. 오히려 야사로 전해지는 이야기가 진실에 더 가까울 수 있다.

김춘추 역시 소인배요, 같은 동족을 치기 위해 이민족 당나라를 끌여들여 그 넓은 요동 벌판을 내주고 손가락만 한 땅을 차지하기 위해 바보 짓거리를 한 사람을 영웅으로 만들어 놓지 않았는가.

조선의 세 번째 왕인 태종과 함흥차사에 대한 이야기는 모르는 사람이 없다. 이미 '용의 눈물'이란 제목으로 안방극장에서 방영한 지 꽤 된다.
  함흥차사, 가면 못 돌아오는 차사, 왜 못 돌아왔을까? 그 이유야 많겠지만 개인적인 생각은, 아니 이미 야사 정도로 알려진 이야기일 것이다.
  이방원이 정권을 움켜쥘 때 이미 이성계는 죽었다고 보아야 한다. 절대권자인 아비 이성계를 죽이지 않고 넘어갈 수 있었겠는가. 아무리 몸이 아프다 하여도 이성계의 카리스마나 국민적 절대 지지 앞에서는 이길 수가 없을 것이다. 이방원이 권력을 쥐기에 앞서 이성계의 죽음이 우선이다. 민심을 얻기 위하여 이성계는 죽었어도 산 사람으로 미화되어 함흥으로 유배 아닌 유배를 간다. 국민의 눈을 속이기 위해 정기적으로 함흥에 차사를 보내고 진실을 안 차사는 죽음을 맞이한다. 이방원은 함흥 차사의 죽음, 이성계가 이방원를 미워해 차사를 대신 죽인 것으로 몰아 두 가지 이득을 취한다. 한 가지는 국민의 동정심을 사는 것이고, 다른 하나는 정적 내지는 권력에 방해가 되는 인물을 제거하는 것.
  이런 추리가 가능한 것은 만약 당신이 이성계였다면 이방원이 보낸 차사를 죽이겠는가. 자신을 죽이러 온 것도 아니고 단지 문안을 여쭈러 왔을 뿐이다. 궐 안의 사정이나 나라의 정세에 대한 궁금증과 피붙이에 대한 연민으로 차사를 융숭히 모서 많은 대화를 하였을 것이다. 자신과 궁궐과 나라 정세를 논한 차사를 당신 같으면 죽이겠는가.

역사의 기록은 승자에 의해 기록되므로 진실과는 거리가 다소 떨어질 수가 있다.

국민 산행의 길을 막아 버린 국사편찬위원회.

역사의 기록에 의해 김춘추의 못남이 삼국통일을 한 영웅으로 둔갑을 했다. 아직도 김춘추를 영웅화시키는 드라마를 한다니, 이 무슨 해괴한 노릇인가.

광개토대왕과 근초고왕의 드라마가 방영된 것은 누구나 다 알고 있을 것이다. 고구려와 백제가 신라와 다른 것은 같은 민족을 침략하기 위해서 오랑캐나 이민족을 끌여들여 전쟁을 하지는 않았다는 것이다. 오히려 고구려 광개토대왕은 신라를 일본 놈들의 노략질에서 구해 주기까지 했다고 한다. 그런데 한국의 땅덩어리를 코딱지만 하게 만든 소인배, 매국노, 어떠한 욕을 해도 분에 안 차는 김춘추. 아직 그것을 보며 재밌다고 박수 치는 푼수들은 뭔가.

에구에구 머리야….

왕따가 만들어지는 이유는 무엇인가

 정도란 무엇인가, 그 질문에 당신은 무어라고 대답할 수 있겠는가. 똑바른 길이라고 대답할 것이다. 그러면 똑바르다는 그 기준은 무엇을 잣대로 삼느냐. 그것은 당연히 인간에 의해 만들어진, 즉 평범치 않은 소수나 집단에 의해서 혹은 개인에 의해 만들어진 잣대와 기준이다. 더 쉽게는 권력 집단에 의해 제정된 법, 규범, 질서가 그 단적인 예이다. 사람이 만들다 보니 법이 권력자의 지팡이로 전락되는 수가 종종 있다. 아주 광폭해지는 수도 있고 부드러워지는 수도 있다.
 우리는 가끔 아니 자주 다수의 집단에서 왕따를 볼 수 있다. 집단 따돌림을 당하는 소수의 장본인은 본의 아니게 정신 및 육체적 고통을 겪는다. 그 피해로 인해 운명을 달리하는 경우도 종종 있다.

개인주의와 이기주의로 의식이 바뀌어 가는 다수들의 독선과 아집, 횡포에서 비롯된 결과이다. 자비가 없고 남을 사랑할 줄 모르는 개인주의에서 발생되는 폐해 현상이다.

왕따에는 분명한 이유가 있다. 그것을 분류 구별해 보면 다음과 같을 거라 필자는 생각한다.

첫째, 다수의 생각과 다른 사고를 갖고 있는 경우.

둘째, 평범함에서 돌출되는 경우.

셋째, 가정의 생활상.(결손가정)

넷째, 장애자일 경우.

다섯째, 의지가 심약한 경우.

여섯째, 감수성이 예민하여 의식을 잘하는 아이.

그 외에도 다른 경우가 있겠지만 대략적 판단으로 볼 때 위와 같을 거란 생각이 든다.

윤리와 도덕적 개념은 다수의 의견에 의해 다수의 이익과 편리를 위하여 만들어졌다. 새로운 시대에 따라 변화하고 바뀌어 가는 의식 구조, 도덕과 윤리, 질서의 개념 자체가 달라지고 있다.

모든 옳고 그름에 대한 판단이나 어떤 사물과 현상에 대한 분별도 소수에서 시작된 흐름이 다수로 옮겨지면서 주 영향적 대세의 의미를 지니게 된다. 그것이 잘못된 판단이라도 대세의 흐름에 편승해 있으면 대단한 힘을 발휘하게 된다.

사회의 전반, 특히 학교에서 심심치 않게 볼 수 있는 왕따의 현상들은 이 사회의 흐름과 색깔과 맛을 극명하게 보여 준다고 할 수 있다.

집단 따돌림은 영향력 있는 일부에 의해 시작되어 군중심리로 발전해 간다. 집단 따돌림의 피해자는 다수의 군중심리에 의해 더욱 고립되며 피해자를 가까이 하려는 일부 온건파 계층도 다수를 의식해 피해자를 꺼리게 되는 것이다. 결국에는 피할 수 없는 고립 상태에 몰려 극도의 스트레스 속에 자살까지 이르는 경우도 있다.

이것을 막을 수 있는 근본적 대책은 교육에 있다고 본다. 우선 입시 위주의 교육에서 인성 교육으로 바뀌어야 한다. 가정 교육 역시 마찬가지로, 본인 자식의 인간 됨됨이보다는 일등주의에 빠져 오로지 위쪽만 보게 만드는 양육 태도도 심각한 문제이다. 학교 교육 역시 마찬가지로 입시 위주의 주입식 교육만 가르치는 데도 큰 문제가 있다고 본다.

예를 들어 학급에서 한두 명 정도가 일반적으로 볼 때 규율에 어긋나는 행동을 했다. 또는 폭력을 행사했다. 기타 여러 가지 나쁜 짓을 하였다. 이에 대한 학교의 처벌이나 대처도 심각한 문제가 있다. 모든 학생들이 알 수 있도록 공개 처벌하는 것이 예이다. 돌출된 행위는 교정되어야 하지만 그 과정에서 왕따의 주 대상이 되어 다수의 학생, 뿐만 아니라 그 부모들로부터도 따돌림을 받게 될 수도 있는 것이다. 결국 소외된 학생은 분노와 증오를 키우게 되고 자신을 왕따로 몰아간 학교와 선생에게 한을 품게 되어 더욱 나쁜 짓으로 보복을 한다.

가슴으로 다스려야 할 처벌을 매와 다수로부터의 격리로 처벌하려 하니 그 문제점은 심각하다 아니할 수 없다.

처벌을 하되 비공개로 하여 주변으로부터 소외되는 것을 막아 주어야 된다. 우선 처벌은 인식에 주 역점을 두어야 한다. 잘못된 행위에 대한 근본적 원인을 찾아 인식의 기준을 바로잡아 주어야 한다. 더 나아가 사랑으로 보살펴 학교나 주변으로부터 따뜻함을 느낄 수 있도록 해 주어야 한다. 그러므로 학교 기초 교육의 향배는 매우 중요하다 아니할 수 없다.

그리고 여기서 짚고 넘어가야 할 중요한 부분이 있다. 왕따의 이유 중에서 마지막 여섯 번째 감수성이 뛰어나 의식을 잘하는 경우이다. 이 경우는 다수가 알 수 없고 깨닫기도 어려워 발견하기가 쉽지 않다. 대부분 감수성이 예민한 아이는 체력은 약하고 내성적이며 활달치 못하다. 이를 알아채지 못하는 선생이 다수가 보는 앞에서 자폐아다, 모자라는 아이다 등의 말을 함부로 함으로써 아이에게 심한 모욕감을 준다. 그 때문에 따돌림을 받게 된다.

분명 선생의 잘못된 행위에서 비롯되었다. 그런데 그러한 선생이 많다는 데 문제가 있다.

이러한 경우는 분명 선생의 편견과 권위 의식과 그릇된 사고방식, 편의에 의해 이루어진다. 그렇지만 신도 아니고 정신과 의사도 아닌데 학생들 개개의 사고와 의식 형태를 어떻게 알 수 있겠는가?

알기 쉽지 않다. 그래서 피해 현상으로 천재성을 지닌 아이가 사회의 이데아 반항아로 괴롭게 살기도 한다. 그런 아이는 주로 예술적 천재성을 지닌 경우가 많다.

이미 고인이 된 가수 김현식 씨나 학교의 잘못된 교육 방식과 잘못된 것을 노래로 표현해 부른 신세대 가수, 그는 아직도 자신의 음악적 천재성을 살려 학교의 우등생으로부터 우상이 되어 있다. 또한 여자 가수 누군가도 학교 교육을 제대로 받은 사람이 아니다. 그런데도 그들은 아무도 따라올 수 없는 음악적 천재성으로 세인의 위에 우뚝 서 있다.

왜 학교에서는 그 천재성을 지닌 아이들을 모르고 제대로 가르치지 못했을까?

우리는 여기서 학교 교육에 대해 분명 새로운 인식을 해야 한다.

학생을 가르치는 선생의 의식과 인식은 매우 중요하다. 많은 사람들의 앞날이 걸린 것이라 매우 중요한 것이다. 그럼에도 국가에서는 인성과 의식의 자질을 보지 않고 문자 풀이의 시험 성적으로 교사를 선발한다. 방법의 문제점이다.

그러면 어떻게 하느냐? 교사의 자질을 평가하기 어려우므로 이미 선택되어진 교사에게 학생들을 가르치는 교육 방식, 주입식에서 새로운 깨달음의 인식을 부여해 주어야 한다. 방식과 대책의 시행이 어려움을 안다. 그래도 과감하게 하여야 한다. 많은 학자와 지도자들이 손발 벗고 나서서 해야 한다. 왜냐하면 그것은 먼 미래의 한국을 부강하게 만드는 기초이기 때문이다.

우선 일등 위주의 교육에서 사랑과 포용 위주의 교육으로 바뀌어야 한다. 그리고 가르치기에 앞서 여러 가지 방식을 선택해 학생들의 자질부터 파악을 해야 한다. 그 방법 중 가장 중요시해야 할 부분이 학부모의 실태를 파악하고 학생에 대한 의문을 부모와의 대화를 통해 알아내는 것이다.

토론 문화가 발달되어 있지 않고 대화를 하는 정서 자체가 제대로 되어 있지 않는 우리나라의 실정상 부모와의 대화를 통한 방식이 어렵다면 최소한 아이에게 자율성을 주어 일 년 정도는 공부보다는 생활 방식과 친구들과 어울리는 형태와 노는 방법 등을 통하여 아이의 자질을 찾아내야 한다.

은둔과 끈기로 이어 온 오천 년 역사에서 우리는 이백 년의 역사를 가진 미국의 속국이 된 현실을 보아야 한다.

이미 앞선 선진국의 교육을 보게 되면 우리나라와의 차이를 극명하게 볼 수 있다. 텔레비전에서 유럽의 교육 실태를 방영한 적이 있다. 우리나라와 엄청난 차이가 있었다. 우리는 국제 수학 경시 대회나 과학 경시 대회에서 일등한 것에 자부심을 느낄 것이 아니라 창피함을 느껴야 한다. 일등 위주의 주입식 교육, 그래 갖고 어떻게 세계를 다스리고 경영할 수 있겠는가.

사라져 가는 윤리와 도덕 교육. 일등을 향한 줄달음.

산과 들과 호흡하며 뛰어 놀아야 할 아이들이 콘크리트로 된 사각의 방에 갇혀 숨을 헐떡이며 25시간 공부에 시달리고 있다. 이다음에 이 아이가 커서 무엇을 할 수 있을까?

잘못된 교육은 미래에 지대한 영향을 끼친다. 일등보다는 사람을 만들어야 된다. 인간이 되어 있지 않은데 그가 무엇이 된들 바르게 할 수 있는지 명철하게 파악해야 한다.

교사의 그릇된 의식과 판단에서 비롯되는 폐해도 있지만 더 많은 비중을 차지하고 있는 것은 다수인 학부모와 학생들 자체에 있다. 어차피 한 사람이 30, 40명을 일일이 챙긴다는 것은 힘들다.

타인의 자식을 보며 돼먹지 못한 놈이라 욕하는 사람들이 있다. 그런 사람들이 다수를 차지하며, 사회를 전반적으로 움직이는 대다수이다.

내 자식은 안 그런데, 그놈은 못됐어. 우리 아들을 봐 일등이잖아, 매일 공부만 한다고 허허.

가만히 가슴에 손을 얹고 돌아보라. 왕따의 선동에 당신 자식이 선두주자가 되어 있지 않나, 모범생이라는 딱지 하나 갖고 다수의 흐름을 만들지나 않나, 당신 자식이 인자仁者인가 아니면 현자賢者인가, 혹 두 개의 얼굴을 갖고 있는 기회주의자는 아닌가.

탈북자들의 애절한 사연,
대북 방송에 대하여

 2012년 추석날 KBS 9시 뉴스에서 이북 가족들에 대한 그리움을 담은 탈북자들의 사연을 공모해 대북 방송을 한다고 하는데…. 인권이 보장이 안 되는 이북의 폐쇄 사회에서 그 대북 방송이 이북에 남아 있는 가족에게 어떤 영향을 미칠까?
 죽음으로 내모는 것은 아닌지. 이북의 인권에 대하여 어느 정도 알고나 있는지. 나 역시 모르지만, 이북의 인권에 대한 조사를 더 하던가. 남아 있는 탈북자 가족들의 인권을 보호해 주지 못할 거면 대북 방송을 하는 우매한 짓은 멈추어야 한다.
 지인 중에 탈북자 한 분이 있다. 이북의 중좌인지 대좌인지 꽤 높은 직책을 지낸 사람이 몸에 청산가리를 지니고 탈북에 성공을 했다. 방법은 중국을 통한 우회적 탈북과 남으로의 입국이다.

그는 말했다. 자신의 직책을 안 안기부에서 많은 것을 캐물었는데, 그것이 대북 공작에 이용하려는 것임을 알고는 입을 다물었다고. 그 이유는 이북에 남아 있는 가족들의 안위 때문이었다고 한다. 다행히 중국서 실종된 것으로 알려져 있다고 했다.

그의 이야기를 빌리면 확인된 탈북자 가족은 어디론가 끌려가서 사라진다고 했다. 끌려간 이후 어떻게 되었을까는 굳이 설명하지 않아도 이해하리라 본다.

대략적으로 그의 이야기를 옮기면 이렇다.

두 명 이상만 모여 토론을 하여도 잡혀 가 영원히 돌아오지 않는 곳으로 사라진다고 한다. 의식의 형성 단계에서 애초에 감시자로서의 인식을 주입하여 부모를 고발하거나 신고하는 기준을 만들어 조직을 움직인다고 한다. 이 얼마나 무서운 체제인가. 자식이나 형제, 그 어느 누구도 믿지 못하게 만드는 구조적 이념의 체계.

얼마나 많은 인권이 유린당하고 있는지. 더더욱 모자란 김정은 팔불출이 정권을 잡았으니, 이를 어이할까.

실제 도덕이나 윤리의 바른 개념 속에 공정한 분별력을 얻으려면 관념의 유희가 아닌 처한 환경에서 절대 체험을 통하여 얻는 깨달음이 있어야 한다. 김정은처럼 황태자로서만 생활하며 보낸 이십 대의 청년 의식은 그야말로 분별을 할 수 없는 편협한, 인간의 반쪽도 안 되는 수준으로 형성이 되었을 것이다.

그러한 사람이 독재자의 자리에 올랐으니 북한의 국민은 이제 더욱 인권을 유린당하고 죽음으로 내쳐질 것이다.

한국 정치권의 문제도 참 심각하다. 누군 퍼 주고 개성공단이니…. 누군 철없는 아이 버릇 고치기.
누가 옳은 건지 알 수 없지만, 참 한심하다.
김일성 때부터 어거지나 철없는 아이의 투정을 보아 왔다. 설마 유화 작전으로 평화통일이 가능할까?
그것은 애초에 없었다. 냉전의 완충 지대로서의 역할, 그것이 강대국 미국이나 소련, 중국, 일본이 바라는 의도였다. 분명 그것은 어느 정권에서도 알고 있었다. 그런데도 퍼 주고 비위를 맞춘 것은 무엇 때문일까? 국고를 빼돌리기 위한 수법일까, 아니라고 본다. 혹시나 하는 바람이었다고 본다. 배고픔에 허덕이는 북한 동포들을 위하고자 하는 마음이었으리라.
결국 퍼 준 것은 바닷바람에 허연 포말로 사라지고 말았다. 북한 동포의 허기나마 달래 주었다면 좋으련만, 전쟁 준비나 소수 독재 권력을 옮아 쥔 김일성 일족들의 배나 불리는 것이었다면 이 얼마나 큰 실책인가.
이제 버릇 고치자고 하니 핵폭탄를 날린다고 서른도 안 된 놈이 날뛰고 주변 강대국은 올림픽 5위인 대한민국을 향해 코웃음을 친다.
싸우면 득은 누구일까?

무기며 전쟁에 소요되는 각종 물자, 추정되는 천문학적 비용, 일본 놈들이야 지금의 경제 불황에서 호기를 만난 족제비처럼 좋아 독도에 군량 창고를 만든다고 설쳐 댈 것이다. 그러하기는 미국도 마찬가지이고 중국이나 러시아도 미국의 한반도 점령을 막는다는 명분으로 이북을 돕네 하며 이권과 돈다발을 챙길 것이다. 결국 스스로 자멸하는 것은 남한과 이북이다.

김정은, 이 외눈박이가 정신을 차려야 될 텐데….

경찰의 직무 유기의 한계는
어디까지인가

수원 20대 여성 납치 살해, 중국 동포의 범행을 보며 분노를 금할 수 없다.

분노는 두 가지로 가슴을 답답하게 치밀어 온다.

우선 한 가지는 외국인 체류자와 중국 교포들에 대한 분노이다. 외국인 및 교포들에 대한 특별 관리가 있어야 되지 않겠는가 하는 생각이 든다. 아무래도 조국이라는 의식과 애국이라는 감정이 없다 보니 아무런 죄의식이 없이 잔혹한 범행을 저지를 수도 있다고 본다.

보이스 피싱이나 기타 다방면의 사기 행각이 주로 중국 교포들에 의해 행해지는 가운데 그 외 외국인 체류자들에 의한 범죄도 날로 늘어나고 있다.

그에 대하여 이 시점에서 정부에서는 무언가 그들에 대한 특단의 조치나 대책을 수립해야 되지 않나 생각을 해본다.

한 가지 대안을 말씀드리고 싶다.

중국 교포나 그 외에 외국인 체류자에 한하여 국내에서 범죄를 저질렀을 때, 그 범죄자는 우리나라의 법이 아닌 그 범죄자 모국의 법을 적용하는 것이다.(소망 사항)

후진국일수록 법의 절대성은 강하다고 본다. 특히 중국의 사형 제도는 아주 과해서 웬만한 범죄에도 사형을 한다. 교포에 대해 모국 법을 적용해서 최근 일어난 살인범죄를 처벌한다면 아주 쉽게 빠른 시일 안에 범죄자는 사형에 처해질 것이다. 조금 이상하기는 해도 중국 교포에 대한 처벌은 중국의 법을 적용하는 것이 현명하지 않나 하는 생각이 든다.

그리고 다른 한 가지 분노는 경찰들의 근무 태만이다. 분명 아래 사건은 직무 유기나 태만과 구시대적 수사 방식과 책임 의식의 부재에서 일어난 사건이다.

지난 2011년 4월 4일 오후 9시경 혼잡한 시간에 마을버스 운행을 하다 발생한 사고를 모르고 그냥 가 뺑소니로 기소되어 법정 싸움을 하고 있다. 이미 원심과 항소심을 거쳐 대법원까지 상고되어 있는 상태다. 지금 뺑소니 교통사고를 언급하는 것은 이것 역시 직무 유기나 태만이 아닌가 생각되어서이다.

처음 법정 싸움을 할 때는 생각지 못하였는데 일 년 가까이 사건의 실마리를 찾으며 원인과 잘잘못이 어디에 있는지 생각해 보았다.

우선 신호가 바뀌는 상황에서 시간과 일에 쫓겨 혼잡한 사거리를 무리하게 건넌 나의 잘못을 들을 수 있다.

그런데 오랜 시간 곰곰이 생각해 보니 사건의 실체를 신고하고 목격한 사람이 일반인이 아닌 의경이라는 사실이다. 그렇다면 한 가지를 분명 밝히고 넘어가야 할 것이 있다.

사고 지점이 경기도 안양시 동안구 평촌에 있는 신한은행 사거리 일명 학원가 사거리라는 곳이다. 특히 그 사거리는 저녁 8시 30분부터 10시까지는 정신 못 차릴 정도로 혼잡하고 복잡하다. 그러므로 그 시간대에는 의경과 교통 경찰관들이 늘 상주해 있다. 그곳을 버스가 거쳐 가므로 잘 알고 있다. 또한 경찰 순찰차 역시 주변에 있는 것으로 알고 있다.

그런데 이상한 것은 사고 당시 의경 최문ㅇ이 목격하였으며 차량 번호를 몰랐는데 왜 순찰차가 출동하지 않았느냐는 것이다. 특히 버스는 정류장마다 승객을 태우고 내려주느라 시간이 걸린다. 경찰차가 출동한다면 몇 분 지나지 않아 잡힐 수밖에 없다. 그 시간대에 늘 경찰차가 주변에 있는 것으로 아는데 경찰차는 무엇을 했는지 교통사고를 일으킨 번호를 알 수 없는 버스를 왜 추격하지 않았는지 도저히 납득이 가지 않는다.

며칠 후 동안경찰서에 출두하라는 소장의 말에 가 보니 뺑소니란다. 어이가 없다는 생각이 든다. 경찰이 의무를 다하지도 않고 추정으로 버스의 번호를 추적하여 뺑소니로 기소하는 행위는 적반하장이 아닌가 생각이 든다.

특히 수원 20대 여성 납치 살해 사건을 보며 매사에 안일하고 직무에 대한 의무감이 없으며 태만한 경찰관에 분노를 느낀다. 물론 다는 아니라고 본다.

이미 대법원 상고 이유서에서 상기의 경찰 행태에 대하여 조사하여 달라고 올린 상태이다. 경찰청의 국민신문고를 두드리는 것은 그 당시 동안경찰서 근무자들의 직무 유기에 대한 책임을 밝히고 싶어서이다.

올바르고 공명정대한 조사를 통하여 잘못된 부분을 바로잡아 주시기를 부탁 드린다.

> 흑백사진처럼 찍히는,
> 몇 조각의 슬픔
>
> 사람들 가슴마다
> 무수히 둘러쳐진 철조망
>
> 행간行間 사이의 지루함은
> 기나긴 실어증이 되고
>
> 오늘도 일상의 표피는, 속절없이
> 생존을 위한 타협의 비문을 새겼다.
> ─편문, 〈현실〉

권력 구조의 편중과
'부러진 화살'의 통곡

 다음 아고라 및 네이버 지식인과 페이스북, 트위터 그 외에 여러 곳에 사법부와의 고단한 싸움에 대해 글을 올립니다.
 영화 '부러진 화살'이 온 나라를 들썩이고 있습니다. 그것을 보노라면 저절로 박수가 나옵니다. 약자들의 불이익을 대변하는 내용이라 많은 국민에게 공감대가 형성되어진 것이라 봅니다.
 지도자, 나라를 이끌어 가는 집행부나 사법부, 국회, 정부 권력의 집단, 전체 국민에 비하면 소수에 지나지 않습니다.
 그렇지만 자유와 인권과 공정한 민주주의가 보장되고 보호되지 못하는 현실에서는 그 소수에 의해 옳든 그르든 대한민국이라는 배는 항해를 하게 됩니다.
 여기서 제가 우려하며 글을 올리게 된 것은 그 권력 집단의 다수가 사법부를 거쳐 온 사람들로 형성되어 있다는 것입니다. 그러니 관행과 전관예우와 끊을 수 없는 권력의 사슬로 이루어져 있다는 것입니다.(사법부 출신의 권력 유입의 데이터는 확인하지 않음) 쉽게 보아도 사법부는 100퍼센트, 입법부는 몰라도 50퍼센트 이상은 짐작이 가능하고 행정부의 최고 기관을 본다면 대통령 주변의 인물들 역시 50퍼센트가 되지 않을까 보여집니다. 그러다 보니 법은 권력자에게 가장 유리하게 정의든 불의든 편리하게 편승하게 되어 있는 것입니다.

그러한 폐습을 막는 것이 무엇인가?

단연 그것은 삼권 분립의 민주주의 원리에서 찾는다면 가능합니다. 사법부, 입법부, 행정부.

사법부와 입법부는 법의 연구와 분별과 집행을 하는 기관이므로 같은 사법 출신이라도 관계가 없지만 행정부는 사법과 입법의 출신의 등용을 법으로 원천적으로 막는 것입니다. 그래야만 삼권 분립의 바른 의의가 살아난다고 봅니다.

그러한 제도적 장치가 없고 모두 거의 사법부 출신으로 삼권의 조직이 이루어지다 보니 정의와 순리는 상실되고 약자는 아무리 소리쳐도 메아리요, 계란으로 바위 치기로만 머물러 있습니다.

언론의 자유. 그것 하나가 그나마 권력자들의 횡포를 막고 있지요.

'부러진 화살'은 누군가 오조준이라 글을 올리기도 했지만 분명 권력자들의 횡포는 여러 곳에서 일어나고 있습니다. 역울하고 분통한 마음들이 '부러진 화살'을 통해 아우성치는 것이라 봅니다.

다음의 아고라나 페이스북, 트위터, 그 밖의 여러 곳에서 신문고가 울리고 있습니다.

그래도 권력자들은 눈 하나 깜박이지 않습니다. '부러진 화살'이 관객 200만을 돌파하고 약자들의 아우성이 커지자 한 코 막고 코맹맹이 소리로 대꾸합니다. 오조준이야….

세월이 지나면 바람에 낙엽 날리듯 그렇게 사라지길 권력자는 기다리고 있겠지요.

그렇지만 모두는 아니라고 봅니다. 어두운 구석에서 왕따로 몰리면서 약한 국민의 대변자로 힘겹게 싸우시는 분들도 있다고 봅니다. 그분들에게는 이 글이 송구할 뿐입니다.

가장 중요한 권력의 편중을 막기 위하여 삼권의 등용문을 바꾸어야 합니다. 위에서 언급했듯이 사법부와 입법부는 법의 연구와 분별과 집행을 하는 기관이므로 같은 사법부 출신이라도 관계가 없지만 행정부는 사법부와 입법부 출신의 등용을 법으로 원천적으로 막는 것입니다.

한 가지 더 바란다면 입법부의 정원에서 사법부 출신을 30퍼센트 미만으로 제한하는 것입니다. 그 외 인원은 각개의 참신한 인물로 채워진다면 법률 제정에 있어 편협함이 배제되고 약자든 강자든 모두에게 공정한 법률의 입법이 이루어지리라 봅니다.

국민신문고를 통하여 법제처, 인권위, 법무부로부터 서면으로 진정의 답변을 받아 보았지만, 판·검사와 법관의 권한에 대하여 절대적인 법으로 면책과 면죄를 만들어 놓았음을 알았습니다. 아무리 그들이 잘못된 판결을 하여도 유죄가 성립되지 않습니다. 그러나 힘없는 국민은 죄가 없어도 그들이 유죄요 하면 죄인이 됩니다.

 돈이 많아 비싼 변호사, 권력 기관의 누구를 통하거나 파워를 지닌 변호사를 선임하여 재판하면 정의를 가려낼 수 있지만 변호사 선임 없이는 그것이 불가능합니다.

 어차피 변호사 역시 사법부의 식구일 뿐입니다.

대통령 선거 국고보조금

 대통령 선거라…. 국민이 봉은 봉인가 보다.
 선거법에 근본적 문제가 있어서, 고의로 국고보조금을 빼먹기 위해 대통령 후보로 출마했다가 혈세인 보조금이 나오면 험한 말로 구정물을 일으키다 적당한 시기에 출마 사퇴를 한다.
 예전에는 알지 못했던 일이다. 어차피 정치는 정치인이 한다고 끼리끼리 적당히 편리하도록 만든 법의 일부, 예전에 경제인이 출마하니 규제를 해야 한다고 확실하지는 않지만 누군가 입질을 했던 것 같다. 감히 아무나 끼지 말라.
 정치인이 만든 선거법 또한 정치인이 국고를 빼먹기 위해 교묘히 만들어진 것이 아닌가. 국민을 우민으로 알고, 아니 모르게 하여 국고를 적당히 나누어 먹는 행태가 수없이 자행되고 있지는 않는지.

국민은 알기도 힘든 부분이 많으리라 본다. 국민을 우롱하고 봉으로 아는 정치인들, 어떠한 방법이든 정당성을 논하기에 앞서 먹고 보자는 생각. 못 먹는 사람이 바보라고들 뒷자석에서 수군거리는 시정잡배, 그것이 정치나 권력의 중심에서 혈세를 교묘히 빼먹는 무리들이 아닌지….

참으로 요지경 속이다. 그러고도 정당 대표니, 국회의원이니, 법관이니, 검사니, 지역의 장이니 한다. 특히 인사 청문회에서 밝혀진 법관들의 특별 업무 경비인지 뭔지가 개인 용돈으로 사용되고 개인 통장으로 개인의 자금으로 변질되어 사용된다니, 공공연한 관례요 당연한 현실의 일부라고 한다. 원래 막강한 사법부이다 보니 소리가 나오자 금세 무슨 일이 있어냐는 듯 조용하다.

그것은 분명 위법이므로 특수 감사를 통하여 업무상 경비를 개인 용도로 사용하였다면 그에 걸맞은 책임과 처벌을 받아야 한다. 그런데도 아무런 조치가 없다.

그러고도 어찌 법복을 입고 나라의 주인인 국민의 죄를 논한단 말인가. 얼굴 하나는 뻔뻔해 붉히지도 않고 방망이 들고 큰 소리 뻥뻥 친다.

더 우스운 건 그런 사법부가 두려운지 아무도 나서서 거론치 않고 넘어간다는 것. 사법부의 권력이 얼마나 막강한지 단적으로 보여 주는 사례이다.

대통령 선거에서 무슨 당인지 선거 보조금 몇 억이 나오니 그만두었다, 진보라는 단어를 쓰면서. 그래서 보조금이란 게 있는지도 몰랐는데 알게 되고, 역시 국민인 나는 바보구나 깨닫는다. 내가 바보니 '위선자'라는 말뜻이나 알겠는가.

 말은 잘해 국해와 국익을 제대로 알고 말하는지 아리송하고, 또 진보라는 단어를 함부로 사용하고, 국민을 위한 정당이요 큰소리만 쳤지 국민의 혈세는 코도 안 풀고 낼름낼름 잘도 처먹는다.

 그런 소리 듣기 싫다면 지금이라도 불우이웃 돕기 성금으로 기부해야 되는 것이 정당한 정도가 아닌가.

 애초에 그런 법을 만든 사람이 권력자고 자신이 그러한 입장에 설 가능성이 아주 높으니 환원의 조항을 만들 리가 없다. 이것이 바로 권력자가 만든 법의 실상이다.

 그리고 한마디 더더. 운동권, 데모 그런 것을 여러 번 하면 정당인도 되고 대통령에도 출마하고, 참 뭐가 옳은 건지…. 늘 아리송하다.

민사소송 피고 대한민국

2012년 10월 11일, 안양지원 407호 민사 법정. 원고 ○○○, 피고 대한민국.

젊은 법무관이 안양지청 이경○ 검사 대리인으로 출석했다. 소송은 검사 이경○으로 했는데 피고가 대한민국이다. 이상하다. 다른 공무원이 업무 중 과실을 하면 피고처럼 잘못에 대한 처벌을 받는데, 검사는 수사 과정서 검사 개인의 잘못이 객관적 판단으로 확실하여 고소당하였는데도 당사자는 온데간데없고 피고가 대한민국이라니. 이 무슨 개떡 같은 면책이란 말인가. 분명 뒷바퀴에 추돌한 것을 들이받았다고 한 공소사실은 개연성조차 용납되지 않는다. 개인의 무식이 아니면 고의적 누명에 가까운 것이다.

담당 여성 판사, 판사의 느낌도 부드럽다는 생각이 들지만 법정 자체가 형사 법정과 다르게 분위기가 부드러웠다. 꼭 판사가 동네 이웃 간의 싸움을 말려 화해시키려는 인자하고 논리적인 아줌마 같다는 생각이 든다.

내 차례에서도 웃으며 말한다.

"○○○ 씨는 그러니까 검찰의 조사가 잘못되어 억울하다는 말씀이죠."

"예, 부딪친 곳은 뒷바퀴 부분인데, 들이받았다는 표현은 분명히 잘못되었죠. 그리고 이영○ 판사의 2차 공판에서 증인 최문○의 진술이 추돌 부위가 분명 다른 곳임을 단호하게 증언했는데 이영○ 판사의 유죄판결은 납득할 수가 없습니다."

"판결은 들이받았다는 공소사실의 옳고 그름에 관계없이 내려질 수 있습니다."

"그리고 2차 공판의 내용 CCTV를 증거물로 채택할 수 있습니까?"

"그것은 안 됩니다."

법정에 오기 전 시간이 조금 여유가 있어 민원실 법률 상담사와 상담을 하였다. 상담 내용은 재심과 국민참여재판에 관한 것이다. 대답인즉슨 새로운 증거물이 나오면 재심 청구가 가능하다고 하였다. 그렇지만 증거 수집은 불가능하다.

승객 조사는 그날 탑승한 승객을 찾으려면 EB 교통 카드를 조사하여야 하는데 그러려면 판사의 영장이 있어야 한다. 개인으로는 불가능하다. 또 한 가지는 이영○ 판사의 2차 공판 내용이다.

  민사법정 판사는 분명한 어조로 증거로 채택될 수 없다고 말한다.

  차후 법원 형사과에 가서 2차 공판의 CCTV 기록을 증거로 채택하여 재심 및 국민참여재판이 가능한지도 확인해 보아야 한다. 안 된다면 부당한 판결이 확실해도 어찌할 수가 없다.

  민주주의 국가이며 법치국가로서 정당한 사회 현상인지 묻고 싶다.

  민사 판결은 동년 동월 25일 10시에 결정이 내려진다. 참석하지 않아도 된다는 판사의 목소리를 뒤로 흘리며 법정을 나왔다.

  끝이 보이지 않는 미로가 안개 속에 놓여 있다.

법의 모순과 이기

2011년 12월 23, 24일이다.

베란다 창문을 열었다. 크리스마스이브로 넘어가는 어둠 속에 눈이 내린다. 이젠 그것이 기쁨에서 촉촉이 녹아내리는 촛농처럼 자신을 살라 가는 슬픈 아름다움이 되어 간다.

23일 법원행정처로부터 한 통의 등기를 받았다. 법무부에 보냈던 민원이 법원행정처로 이첩되어 보내온 회신이었다.

회신 내용 중 중요한 한 가지만 서술하고자 한다.

헌법 제103조 "법관은 헌법과 법률에 의하여 그 양심에 따라 독립하여 심판한다." 진행 중인 재판 또는 그 결과에 대하여는 누구도 개입하거나 간섭할 수 없다. 또한 청원법 제5조 제1항에도 진행 중인 재판에 관련된 것은 청원의 불수리 사항으로 규정하고 있다.

상기와 같은 이유로 내가 보낸 민원은 불수리 청원으로 분류된다는 회신이었다. 법이 그렇게 되었다면 더는 할 말이 없다.

재판관에게 주어지는 절대권의 권한은 필요하다고 보인다. 그렇지만 일반 상식의 가장 기본적인 테두리 내에서 주관성이나 객관성을 배제하고, 일어난 현상에 대해 누구나 쉽게 알 수 있는 분별을 놓고 전혀 다른 판단을 한다면 과연 법률은 그러한 부정의도 법률로 보호하고 있는 것일까?

양심의 색이 여러 가지인데, 회색도, 적색도, 흑색도, 정당성을 확보하고 있는 백색 또한 같은 부류로 분류가 되고, 분별할 기구나 규제, 규범, 기타 방법이 없다면…. 정의의 진실은 늘 외면당할 수밖에 없다.

인간성의 성찰을 통하고 악이 배제된 정의와 진실로 구성된 교육, 그것이 누락된 아주 어려운 사법고시 등용문, 법 공부에 매달려 언제 자신을 성찰하고 바른 인간성에 대한 공부를 할 수 있었겠는가, 묻고 싶다.

성선설에 걸맞게 타고난 인간성이 좋고 훌륭한 분들이 많으리라 본다. 또한 그러기를 바랄 뿐이다.

헌법 소원, 항소라는 창구를 만들어 그것에 대한 제2, 제3의 문을 열어 두고 있는 것은 내 생각처럼 정의를 실현하고자 함이라고 본다.

물론 항소로 인해 본인의 사건[2011노5301 특정범죄가중처벌 등에 관한 법률위반(도주 차량)]이 2012년 1월 3일 11시 20

분 410호 법정에 공판이 잡혀 진행 중인 상황이다.

법원행정처에서 보내온 회신은 정당성을 띠었다고 보인다.

그러나 안양지청 이경○ 검사가 사건의 전말을 왜곡시킨 것에 대한 법의 상급기관의 시각과 분별력에 대한 판단, 그에 대한 의구심을 지울 수 없다는 것이다.

또한 쉽게 알 수 있는 현상에 대한 안양지원 이영○ 판사의 유죄선고는 법관의 고유 권한이라 개입할 수도 이유를 달 수 없지만 억울한 것만은 사실임을 알았으면 한다.

법관의 판결이 일반 상식선에서 벗어난 오류라는 판결이 일어나도 그에 대한 책임을 물을 수 없다면 이 또한 법치국가의 법률 행정의 맹점이고 모순이 아닐 수가 없다.

나는 변호사를 선임할 여력이 없다. 판결 전 면허가 취소되어도 아무런 대책이 없다. 항소를 하고 무료 국선 변호사의 도움만으로 싸워 나가야 된다. 그래도 시집과 장편소설을 냈다. 글을 쓰는 기술이라도 있어 인터넷을 통해서나마 민원을 올리고 세상에 알릴 수 있다는 것에 위안을 삼을 뿐이다.

요사이는 두려울 때가 있다. 도시의 한구석에서 민생고에 시달리며 미미하게 살아가는 소시민의 한 사람으로서 정의 운운하며 싸우는 나를, 그들은 검열자나 판결자의 절대 권한으로 쉽게 사회로부터 단절시킬 수도 있을 것이라는 생각을 한다.

1990년대까지만 해도 정의 운운하며 법의 집행에 대한 것을 논한다면 쥐도 새도 모르게 세상으로부터 사라졌을 수도 있다. 소름이 돋을 때도 있다.

  2010년 10월 뇌 수술을 한 막내아들. 18세, 선천성 뇌형성 장애로 태어나서 첫돌이 되기 전부터 약물치료로 오랜 세월 투병 생활을 해 왔다.
  8시간에 걸친 두 번의 수술, 일주일 차로 두 번의 뇌 수술을 하였다. 수술 직후 아들은 괜찮은 듯했지만 다시 발작 증상을 보였다.
  처음 수술 때도 그랬지만 삼성서울병원에서 완치는 어렵지만 죽음에 이르러 가는 상황이라 안 할 수 없다며 불확실한 수술을 시도한 것이다.
  돌볼 사람으로 엄마와 누나 둘이 있지만 모두 집을 떠나 있다. 가끔 집에 와 잠만 자는 둘째 딸은 동생한테 관심은 깊지만 행동은 거리가 멀다.
  현실이 이렇다 보니 나는 나른한 포만감처럼 포기해 가는 것을 느낀다.
  불현듯 머리를 메워 오는 압박감의 짙은 안개. 아들의 미래가 어둠 속 미로를 가고 있다. 어쩌면 아들은 내 손을 떠나면 쉽게 사회복지재단이나 종교 단체의 기도원 같은 곳으로 보내져 인권을 유린당할 수도 있다.
  아들에게 갑작스레 나타나는 발작 증상은 혼자 있을 경우 매우 위험할 수 있어 나는 늘 전전긍긍한다.

퇴행성 관절염으로 발목이 부실한 나는 민생고 해결을 위해 연골 주사를 맞으며 건설현장 잡역부로 나가지만 늘 집에 홀로 있을 아들 걱정에 일에 집중이 되질 않는다.

딸아이에게 동생을 보라고 하지만 힘들다. 그 두 딸아이도 우울증에 시달리며 약을 복용한다. 두 딸의 입장을 충분히 이해한다. 자신들이 어렸을 때 집을 나간 엄마, 그리하여 결손가정으로 전락하고 소외층이 된 현실에 대한 혐오감, 절망감, 고독감, 스트레스. 그것만으로도 죽음이 지척에 놓여 있음을 느낀다.

발목 때문에 궁여지책으로 시작한 버스 운전이 더 질퍽하게 발목을 잡는다.

오늘은 크리스마스이브이다. 언제부터인가 연말의 흥청거림은 나에게 사치나 이국 세계의 풍경으로 바뀌었다.

또래 친구가 하나도 없는 아들, 2000년 초에 시작한 건설 용역회사. 건설 용역 사무실에서 자란 아이는 아빠 또래의 아저씨들밖에 모른다. 그러므로 나의 연말과 망년, 크리스마스나 이브의 정취는 아들의 시간 속으로 흘러갈 수밖에 없다.

이번 수원지방법원의 이은○ 부장판사의 공정한 판결을 언감생심 바라고 있다.

사법부의 정당성은 어디까지인가

    2012년 10월 24일. 안양지원으로부터 피고 대한민국 법무부 장관 권재ㅇ의 이름과 소송 수행자 검사 장형ㅇ, 공익법무관 박홍ㅇ, 김성ㅇ로부터 답변서를 받았다.
    내용인즉슨 기각한다는 언급과 함께 그에 대하여 판결을 요한다는 내용, 가장 중요한 부분은 대법원에서조차 기각되어 자유심증주의에 의하여 유죄임이 결정되었는데도 원고는 억지를 부리고 있다는 내용이다.
    과연 억지는 누가 부릴까? 묻고 싶다.
    오늘 25일 안양지원 민사법원에서 판결을 한다. 법률상 대표자 법무장관 권재ㅇ의 답변서가 왔는데 안양지원 민사과 판사가 뒤집을 수 있을까? 의심조차 하기 힘들다. 만약에 나의 손을 들어 준다면…. 사법부의 거대한, 반란에 가까운 사건이라 보여진다. 그리하여 뻔한 내용이 짐작되어 법원에 가지 않고 서울 인사동에 있는 한강출판사에 다녀왔다.

세 번째 시집인 『시아리』 원고를 편집부에 접수하였다. 주로 요즘 약육강식의 사회현상에 대한 분노를 표출하고 있다.

법무부의 답변을 간결하게 요약하여 내 소송이 억지가 아님을 서술하고자 한다.

법이나 국민신문고, 국민권익위원회, 헌법재판소, 재심 청구(새로운 증거 자료가 있어야 접수가 가능하다고 함) 어디에도 하소연은 메아리일 뿐이었다. 할 수 있는 곳이라고는 인터넷의 다음 아고라나 블로그뿐이다. 방송국이나 신문사에도 여러 차례 제보를 하였지만 답이 없다.

답변서의 반증 요약.
1. 뒷바퀴에 추돌한 것을 이경ㅇ 검사가 들이받았다고 한 왜곡된 공소사실.
2. 검찰의 편협한 수사로 버스 승객의 수사 거부.
3. 이영ㅇ 판사의 2차 공판 시 최문ㅇ 증인의 추돌 부위에 대한 다른 부분의 단호한 증언.
4. 2차 공판 시 증인들의 증언 내용 중 피해자 조경ㅇ 씨의 증언, 너무 빨리 지나가므로 무엇이 부딪치고 갔는지도 몰랐다.
5. 추돌 부위의 비과학적 수사로 불분명, 대략적 사진 촬영

에 의한 심증.
6. 대중교통 이동 수단이 버스이다. 사고 발생 시 승객이 인지하고도 묵과할 수 있는지 그 진위에 대하여 국민께 묻고 싶다.
7. 미인식 사고 후 버스는 일상적 업무인 승객의 승하차를 반복하여 버스 노선대로 일상적 업무를 하였음. 그럼에도 그 일상적 업무를 한 것을 도주이니 뺑소니라고 함.

만원 버스에서 승객이 모르는 사고를 운전자가 인지할 수 있는지, 그것 또한 묻고 싶다. 위와 같은 확실한 사건의 정황을 놓고 그 판단에 대하여 대한민국 국민 여러분께 묻고 싶다. 일반이 아닌 사법부만의 관행적 판결의 정당성에 화두를 던지고 싶다.

안양지청 이경ㅇ 검사, 안양지원 이영ㅇ 판사(현 충주지법 부장판사), 항소심 이은ㅇ 부장판사, 상고심 대법관 민일ㅇ, 신영ㅇ, 박보ㅇ, 박일ㅇ.

양심의 색깔은 무엇인가?

판사의 면책이 주어진, 고유 권한인 양심적 판결. 변호사 없는 홀로 싸움의 무전유죄인가. 죄의 실상은 무엇인가?

재심을 청구하여 국민참여재판을 받을 것이다. 그것을 꼭 해야 되는 이유는 그릇된 판결에 의한 피해자를 줄이는 데 그 의미를 갖고자 함이다.

판사 한 개인의 분별이 아닌 다수의 의견을 수렴한 국민참여재판이나 배심원 제도 도입의 시급한 법률 제정에 상소를 올리는 것이다.

조국과 종교, 그리고 정체성의 상실

2013년 3월 31일 오늘이 부활절이란다.

한국인으로서 수치 아닌 수치감이 일어난다. 외국에서 들어온 종교나 신앙이 아니면 없는 것인가. 토속신앙이 민족의식이 결여된 지조 없는 사람들에 의해 미신이나 우상으로 내쳐져 버려진 것은 아닌가.

종교와 조국를 놓고 어느 쪽을 더 사랑하느냐 선택을 하라면 당신은 어디를 택할 것인가. 종교인들은 신은 국가 간의 경계를 초월하여 존재하는 것이므로 당연히 자신이 믿는 신을 국가나 조국에 앞서 선택할 것이다. 그러므로 종교가 우선이라 말할 것이다.

그렇다면 신이 탄생된 근원부터 거슬러 올라가 귀추를 해보아야 한다.

작금의 현실에서 가장 두드러진 활동을 하는 종교 단체는 개신교일 것이다. 두 번째와 세 번째는 불교와 천주교일 것이다.

종교인들의 이기이든 신의 독선이든 한국의 토속신앙은 미신으로 내쳐져 정립을 세우지 못하고 있다.(신의 탄생과 존재는 소수 특별 계층의 인간에 의해 창조되고 그려지므로 신의 생각과 행위는 바로 인간의 생각일 수밖에 없다)

신의 가치를 논한다면 어느 것이 더 빨리 기록에 의해 정립되었느냐에 따라 위치가 선점되었다고 볼 수 있다.

한국인으로서 외국에서 들여온 신앙이나 신을 무작정 믿을 것만은 아니라고 본다. 그것은 곧 자신의 우매함이나 어리석음을 외국 이방인에게 보여 주는 것은 아닌지…. 너희 한국인은 백날 설쳐 봐야 내가 만든 신에 굴복하여 머리를 조아리며 순종하지 않느냐.

하기사 신을 빙자하여 믿음을 소리치며 외치는 수장이나 우두머리들이야 세금 없는 헌금으로 배를 불리고 탱자탱자 춤을 추고 있지만.

일본 하면 독도 문제를 비롯하여 여러 가지로 치가 떨린다. 아직도 한국의 권력층을 보게 되면 친일파가 많다고 한다. 그 기준점을 어디에 두느냐에 따라 달라질 것이다.

선조가 친일파였다면 적어도 5대까지는 친일로 보아야 하지 않겠는가. 그 이유야 선대에서 친일 행각으로 축적한 재물로 부와 권력과 영화를 누리니 당연히 5대까지는 친일파로 정리하여 부당한 부귀영화를 못 누리도록 하는 것이 옳다고 본다.

종교를 논하면서 일본 쪽발이의 이야기를 거론한 것은 한 가지 짚고 넘어가야 할 사건이 있기 때문이다.

일본이 지난 쓰나미 및 지진으로 원전이 파괴되어 나라가 큰 위기에 부딪쳤을 때 개신교의 한 수장이 일본은 하나님과 예수를 안 믿어서 벌을 받는 것이라 했다고 하는데, 그 맹꽁이 같은 언행이 진짜인지.

일본은 자신 민족만의 종교가 있다는데. 일본이 싫지만 종교에서조차 깊이를 가늠키 어려울 정도로 뭉쳐진 모습을 보여 주는 것이다.

한국, 나의 조국, 토속 종교 하나 정립을 못 하고 외국에서 만들어진 신을 모시고 허구한 날 빌고 바치고…. 입만 살아서 떠드는 사람들의 지조 없는 행위는 참 꼴사나운 행태가 아닐 수 없다. 하기사 말 잘하는 사기꾼이지.

"당신은 죄인이요, 바치라."

외제 차에 발바닥에 흙도 안 묻히고 날아다닌다.

"내가 먼 외국 땅의 신의 길잡이니 나를 따르라. 세금도 안 내니 맘껏 바치라. 내 너희의 천당행 표를 특석으로 끊어 놓으리라."

이제 우리도 이방인들의 종교를 따라 믿을 것이 아니라 내 나라의 신앙을 찾아 바로 정립하여 선과 덕으로 인간관계를 펼치고 그 속에서 사랑을 나누고 믿음을 가져야 한다.

부활은 어느 외국인 우상이 아닌 우리들, 우리의 내면 깊은 곳에 숨겨진, 발견하지 못한 진리와 사랑을 일깨워 내어 이웃에게 사랑과 자비를 베푸는 것이 진정한 부활이 아니겠는가.

한국인이여! 부활합시다. 그리하여 사랑을 베풀고 정의를 실현합시다.

산화

정지로부터 자유로 날아 버린
시간들….
세상은
붉은 눈물을 흘린다
이미 기다리고 있던
영혼잡이는 문 밖을 서성이고
남겨진 육신의 흔적이
통곡을 하고 있다
서늘한 기운 뒤로
세상은 정지되었다.

가장 고달픈 명절인 설이 지나갔다. 결손가정, 외로움의 나락으로 몰아가는 즐겁지 않은 명절. 절름발이 가정의 모든 사람들이 느끼는 명절의 고독함이다. 나로 인해 비롯된 현상에 죄책감을 느낀다.

내가 있으므로 모든 존재는 존재한다. 이미 나의 존재와 무관하게 존재되고 현상되고 생성되지만 그 모든 시작과 끝은 의식의 발로에서 이루어진다.

나란 존재가 모여 가족을 이루고 집단을 형성하고 국가를 만들고 지구촌을 형성한다. 그 안에서 삶과 생은 다각도의 방향으로 나란 전제하에 전개된다. 모든 것은 결국 생존 경쟁으로 압축되어 탐욕에 싸인 의식의 굴레는 굴러간다.

나 더하기 나 그리고 나, 이것이 모든 시작의 원천이다. 나 하나를 버리지 못해 수많은 구도자들은 고행을 통해 자신을 성찰한다. 무아의 경지에 이르고자 고통스런 수행을 하고 학대를 한다.

깨달음은 어디에서 올까? 어쩌면 특별한 수행이 아닌 우리 주변에 일어나는 현상에서 찾아볼 수 있지 않을까? 단지 눈과 마음이 어두워 발견를 못 할 뿐이다.

소주 한잔에 쏟아지는 글들을 써 대며 인터넷과 씨름을 한다. 나의 발등에 불이 떨어지지 않으면 강 건너 불 보듯 이웃에 무심했던 세월….

최근 권력기관, 법 집행기관과 힘든 싸움을 하며 구석에 몰러 있는 사람들의 글들을 보니 약육강식의 이기와 탐욕에 의해 벌어지는 현상에 대한 분노가 자욱한 안개처럼 머리를 메운다.

가진 자나 권력자들의 도덕과 윤리가 배제된 행위를 보며 인간이 여러 양면성을 지니고 있음을 느낀다. 현재의 환경과 과거의 환경에 의해 형성된 인격에 따라 선악이 차이가 남을 느낀다.

그래서 고대 어떤 철학자는 인간의 의식 세계를 연구하고 인간 존엄의 가치를 실행하는 철학자가 정치를 해야 한다고 했다. 지금 현실은 오로지 학문만을 통하여 등용문을 넘어서면 권력의 집행자가 된다.

인간의 인격과 인성, 선악을 가리는 분별력, 그러한 것은 12세, 15세 전에 형성이 되고 그 이후 다듬어져 진면목으로 자리 잡는다고 한다.

일등주의 환경에서 도덕과 윤리와 바름의 교육이 배제된 사각의 틀 속에서 공부만을 통하여 형성된 인성과 인격으로 등용돼 집행자가 되었다면 과연 그들이 얼마나 바른 양심적 판단을 할 수 있는지 의문이 간다.

숨을 헐떡이며
학대해 가도
늘 원점에서 갈등한다

정답이 없는 길 위에서
길을 찾아 헤매이는
나는
허수아비
우박에 맞아 부서져도
아픔을 모른 채
한쪽 머리가 날아간 채로
휘이 휘이
참새를 쫓고 있다.

상생하는 정의와 불의

　최근(2012년 9월 16일경) 주말 드라마 '메이퀸'을 보며. 소설이나 드라마, 연극, 시나리오, 기타 이야기들의 구성은 픽션이든 논픽션이든 기본적 현실에 근거를 두고 쓰여지고 편집되어진다. '메이퀸'이 보여 주는, 권력과 결탁하거나 등에 업은 사업가의 욕망에 의해 저질러지는 불의와 만행. 분통이 터지지만 약자나 정직하고 진실한 정의는 짓밟히게 됨을 볼 수 있다.
　그것이 '메이퀸' 드라마에 국한된 것이 아니고 지난 세월 수없이 자행되었고 오늘날 조금 나아지긴 했어도 강자에 의한 약자의 인권 유린은 여전히 자행되고 있다.
　런던 장애인 올림픽 국가대표 선수에 가한 코치의 폭행은 빙산의 일각이라고 본다. 힘 약한 많은 장애자들이 보이지 않는 사각지대에서 인권을 유린당하고 있으리라 본다. 학교 폭력도

대체로 힘 약하고 경제적 여유가 떨어지는 학생들이 대상이 된다고 본다. 또한 최근 공공기관인지는 자세히 모르지만 신입사원 공개 채용에서 1등을 제쳐 두고 기관의 고위직 자녀를 채용하는 것도 약자의 인권을 유린하는 행위이다. 비행장 주변의 소음 공해에 대한 주민들의 소송에서 변호사들의 수임료 착복 또한 약자에 대한 지식인이라 불리는 자들의 유린이다.

법치국가의 근본이, 덕치로 인간을 다스리려니 선한 자보다 악한 자가 많으므로, 국민이 제정한 법률로 국민을 다스린다는 것이다. 그것이 법치주의 근본이다. 그러나 그 법을 시행하는 기관과 집행자가 악한 자이면 법이 아무리 정의로워도 법은 악용되어질 뿐이다.

민주국가라 해도 탐욕을 지닌 인간이 존재하는 한 불평등과 불의는 공공연히 성행된다. 핵심에 늘 법을 집행하는 사람들, 정의를 모르거나 외면하는 소수의 무리들이 있으므로 불의가 정의로 탈바꿈되어 현상되는 것이다. 그래서 정치나 법을 집행하는 사람은 법 지식도 있어야 하지만 인간의 기본적 도덕과 바른 윤리를 기초로 한 분별력을 갖춘 사람으로 선정되어야 한다. 그리고 한 가지 더 중요한 부분을 지적하자면, 시야의 넓이에 따라 사람의 객관적 판단에 차이가 난다는 사실이다. 외길을 걸으며 한 가지만을 본 사람은 외눈박이의 시선으로 보므로 세상의 가치 기준에 대한 편견과 인식의 오류로 인해 그릇된 판단을 할 수 있다. 그러한 사람이 집행자나 권력을 행사하는 집행관이 된다면 이 얼마나 끔찍한 일이겠는가? 그러므로 로스쿨 제도는 철저한 공직사회의 투명성을 전제로 한 바람직한 선택이라고 보여진다. 공부로 시작된 삶이고 성년기에 들어섰어도 여전히 고시 공부에 전력투구하느라 세상 볼 시간도 없었고 자신에 대한 바른 성찰의 시간을 가질 수도 없었다.

그렇다면 도덕적, 윤리적으로 결여된 외눈박이 분별력만을 지니지 않았는지 묻고 싶다. 안양지청 이경○ 검사의 왜곡된 공소사실과 판사 이영○의 유죄 판결, 항소심 이은○ 부장판사 기각, 대법원 민일○, 신영○, 박보○, 박일○ 대법관 역시 상고심 기각, 유죄가 확정되었다. 침묵하기에는….

늘 새벽이 오면
몸을 엄습하는 진저리에
온몸, 소름이 돋는다
이 세상에 분노하고
실종된 정의와 진실에 분노한다.

성 뇌물 검사에 대하여

성 뇌물 검사로…. 딩딩. 대검 간부들의 검찰총장 사퇴 종용. 참 가관이란 생각이 든다.

실지 현장 지휘는 누가 하는가.

정권에 의해 선택된 총장은 휘하 부하들의 비리와 부당한 불법행위가 직결된 상하 간의 업무적 현상일까?

대검 간부들의 집단 총장 사퇴 건의는 자신들의 비리와 책임을 모면이나 회피하려는 자구책이라 보여진다.

책임을 묻는다면 성이 뇌물이냐 아니냐로 도마에 오른 검사의 직속 상관부터 단계별 책임을 물어야 한다. 그럼에도 총장 하나로 눈 가리고 아웅하는 모습은 참으로 개탄하지 않을 수 없다.

고시 출신이 아닌 로스쿨 출신이라 의도적 왕따로 본 것은 아닐는지, 상하전후 둘러싼 사법고시 출신.

　태어나서 공부, 사회와 윤리 도덕을 직접 목도하지 않고 육법전서에만 매달린 사법고시 출신, 도덕성과 정의의 분별력에 대하여 묻고 싶다. 과연 당신은 정의로운 검사인가.

　로스쿨, 눈엣가시. 이쯤에서 결판을 내자. 그러한 속내가 보인다. 공직자 청렴도 조사에서 꼴찌인 검찰. 깨닫지 못하는 것이 아니라 정의에 대한 망각으로 숫제 모르는 것이 아닌가.

　제일 좋은 개혁안은 무엇일까? 단연 검사도 임용이 아닌 국민의 선택으로 하는 것이 정답이 아닌가. 육법전서에 묻혀 도덕과 윤리를 망각한 검사보다야 세상을 어느 정도 섭렵한 사람이 바른 도덕적 가치관을 갖추었으리라 본다. 세상사 이치를 알고 인성을 갖춘 인간을 검사로 만드는 것이 바른 일이라 본다. 그래서 로스쿨이나 다른 방법을 통하여 검사를 임용하여야 한다고 본다.

　법으로 규정하여 국민의 추천을 통하여 검사를 임용하는 방법은 어떨까? 그것이 바로 민주주의의 근본이라 본다. 정권에 의해 세워졌다가 사라지는 우두머리는 실제 사회의 골목에서 일어나는 현상과는 거리가 먼 것은 아닌가.

　실제 가까운 관계자들의 살아남기 위한 방편. 웃대가리 자르기…. 곧 그것은 몸통이 곪아서 터질 듯이 부푼 현상.

　결국 2013년 4월 11일 성 뇌물 검사는 징역 2년으로 법정구속 되었다. 검찰의 추락에 희생양으로 선택되어진 것은 아닌지…. 객관적 시각으로 보아도 권력과 미래가 보장된 젊은 검사가 어찌하여 나이 많은 피의자와 성관계를 하였을까? 음모가 바닥 안 보이는 곳에 깔려 있는 것은 아닌지 의심이 간다. 눈엣가시인 로스쿨에 대한 견제인지….

 알 길이 없다. 어쨌든 정의를 실현하는 검찰이 되기를 기원할 뿐이다. 그리고 결정을 내리는 재판관 역시 정의로운 양심의 소유자로서 정의를 실현하기를 기원할 뿐이다. 자유심증주의 운운하며 섣부른 판결을 내리지 않기를 바란다.

성매매 금지법에 대하여

어린이 성폭행, 쪽발이들의 미친 행동. 눈만 뜨면 보이는 증오의 현상들….

왜 연약한 어린이를 성폭행할까? 소아 성애자란 정신병자들만의 사회적 병폐일까? 의문이 든다.

근본적 원인은 어디에 있을까? 성매매 금지법이 일조를 하지 않았을까? 남자와 여자, 성욕을 느끼는 차이는 어떨까? 여성에 비해 남성의 성적 욕구는 강하다고 본다. 이미 다 알고 있는 이론이 아닌가? 숫놈과 암놈의 성적 관계를 사고력이 없는 동물에서 본다면 극명하게 드러난다.

종족 번식이란 원초적 본능에 충실하게 따르는 숫놈이다 보니 차등이 있지만, 여성의 드러난 살결, 움직임, 웃음, 기타 여러 가지에 의해 욕구를 분출한다. 사랑이나 애정 따위의 심리적 현상이 아닌 원초적 본능에 의해 성적 욕구가 발생된다. 성적 욕구의 억제나 미발산은 폭력으로 변질되거나 이성을 상실케 할 만큼 정신적 충격을 일으키기도 한다.

그렇지만 사고를 하는 인간이므로 의지로 억제가 가능할 것이다. 그러나 오산이라고 본다. 원초적 본능은 욕구를 해소할 방법이 있는 경우에 한하여 이성적 판단이 가능하지 않나 보여진다. 근본적 해소의 길을 차단하고 성폭력 근절을 부르짖는 것은 아주 우매한 짓이 아닐까?

성의 사각지대에 놓여진 사람들이 누구인가? 사회로부터 소외되고 고립된 사람들이 다수이다. 돈 없고, 능력 없고, 못생기고 말주변 없고, 장가도 못 가서 성욕을 해소할 길이라고는 성매매뿐이다. 돈 몇 푼에 여성의 신비한 몸을 빌려 주는 성녀(창녀), 어쩌면 그들만이 할 수 있는 자비일 수 있다. 그러한 출구를 막아 놓고 성범죄 근절을 한다고 관과 권력이 총력을 기울인다면 능력 없는 사내들의 가운뎃다리는 누가 책임지고 해소해 줄 것인가?

법을 만든 여자들…. 결국 소아 성애란 성폭력의 부작용을 양산하는 것은 아닌가.

이기와 시인의 〈영자야〉, 〈의식불명 가족〉이란 시를 보면 막다른 골목에 몰린 소외된 군상의 모습이 아프게 담겨 있다.

우리는 무엇을 했는가. 팔짱이나 끼고 그림 보듯 구경이나 하지 않았는가.

    벼랑 위에서 세차게 몰아치는 칼바람
    옷깃을 여미기조차···.
    옷을 벗고 맨몸을 살라 가며 생을 사는 그들을 보라
    이제 다시는 꽃으로 태어나지 마라
    삶과 생의 환멸이 여기에 다 있으니,
    인생을 논하지 마라
    나의 어미는 씨어미였느니라
    나의 아비는 씨아비였느니라
    생과 삶을 무엇으로 논할까
    내 다시는 생각하는 인간으로 태어나지 않으리···.
    아침에 피었다 밤이면 죽어 가는 하루살이가 되리라
    내가 누구냐 묻지 말고 네가 누군가 알려 하지 마오
    그냥 없는 것처럼 살다 가시오.

                                              -편문, 〈어떤 인생〉 일부

소비자를 기만하는 이동통신업체

국민신문고를 다시 한 번 더 두드렸다.

9월 18일 SK 텔레콤의 상세명세서가 날아왔다. 아무것도 알려 주지 않고 돈만 인출해 가더니 웬일인지 이상해서 인터넷에 올리고 국민신문고를 두드렸더니 상세명세서가 왔다.

핸드폰 구입 시 공짜라기에 샀다. 개통 중 단말기 값이 메시지로 뜨기에 담당 직원에게 공짜라더니 왜 단말기 값이 뜨냐고 항의했다. 담당 직원이 어디론가 전화를 해서 왜 단말기 값이 뜨냐고 묻는 것 같더니 해결됐다고 하였다. 그러나 믿을 수 없어서 계약서에 기록을 해 달라고 하였더니 담당 직원이 뭔가를 적었다. 동네 장사에서 사기야 치겠는가 싶어 계약서를 꼼꼼히 살펴보지 않았다. 차후 확인해 보니 담당자 이름조차도 성이 없이 이름만 꾀죄죄하니 쓰여 있었다. 구입한 매장에

가 보니 내부수리 중, 며칠 후 바뀐 상호로 무선통신 매장이 들어와 있다. 사기를 당했구나.

　SK 텔레콤에서 보내온 상세명세서에는 버젓이 단말기 값 2만 원가량이 할부금으로 기록이 되어 있다.

　일전 다른 일로 KT 대변인과 한 통화가 생각난다.

　"계약서상 단말기 값이 공짜라는 것이 기재되어 있지 않은 구두계약은 증명할 수 없으므로 법정 싸움으로 가 봐야 이길 수 없습니다."

　옳은 얘기다. 그렇지만 분명 SK 본사인지 대리점인지 개통 시 전화를 하며 확인시켜 주었는데, 그것이 사기였다니…. 그렇지만 개통시킨 본사도 분명 책임이 있다.

　법관의 자유로운 판단에 맡기는 자유심증주의라는 것이 있다. 내 견해로는 자유심증주의라 함은 시각 및 음향, 현수막 기타 여러 매체에 근거해 심증의 확실성을 입증할 수 있어야 한다고 본다.

　고소를 한다면 형사든 민사든 분명 본사 SK 텔레콤을 상대로 제소가 가능하다고 본다. 어떻게 해야 되는지….

　분명 현상은 자유심증주의에 국한되어 있지만 계약 위반은 판매 사원으로 시작되어 도의적 및 기타 책임 소재가 본사에도 있으므로 위약금 없는 해약이 가능하다고 보여진다.

　이와 같은 사건은 많을 것이라 본다.

　말장난이나 하며 꼼꼼히 계약서를 확인하지 않는 고객의 허

술함을 이용해 허위이거나 이해할 수 없는 요금제로 소비자를 기만하고 우롱하는 사례는 없어져야 한다.

  법무팀을 따로 구성해 운영하는 회사를 상대로 싸운다는 것은 계란으로 바위를 치는 것과 별반 차이가 없다고 본다. 피해자들의 단체가 만들어져 단체 소송을 한다면 가능할 것이다.

  정직하게 삽시다.

오늘 한국의 실상

　신문을 뒤적이다 기억에 남을 내용을 발견했다. 한국인 정신건강시스템 분석 결과에 대한 평가이다.
　OECD 경제협력개발기구의 자문관 수전 오코너 박사의 평가, 중앙일보 논설위원 양선희 씨의 〈시시각각〉에서 본 내용이다.
　세계 최고 자살률, 도박, 알코올 남용, 인터넷 중독, 학교 폭력. 정신적 고통이 만연한 나라, 한국. 무엇을 생각하게 하는가. 그렇게 되기까지 어떠한 폐단이 있었는가.
　일순위를 꼽으라면 그것은 당연히 권력층의 정의가 실종된 정치에 있다고 본다.
　자살률은 빈곤과 정신적 휴게 시간의 부족에서 이루어진다고 본다. 극심한 빈부 격차로 인해 발생하는 현실에 대한 좌절

감, 꿈의 포기와 절대 강자에 대한 절망감이다.

아주 오래전 군대 가기 전 윗마을 산두래미에 살았던 나보다 한 살 위인 박전규의 죽음은 아직도 의문이 확연히 풀리지 않은 미스터리로 남아 있다. 지금 추론해 본다면 가족 내에서의 박탈감 내지는 절대 강자였던 아버지로 인한 절망감이 원인이었을 것이다.

마을 사람들이나 주변 사람들에게 박전규는 조금 모자라는 사람으로 인식되었다.

어느 봄날이었다. 모내기가 막바지로 접어들고 봄이 절정에 이르렀을 무렵이다. 윗마을 산두래미에 사는 박전규가 실종이 되었다. 산에 약초를 캐러 간다고 나간 후 3일째 집으로 돌아오지 않았다. 4일째 되는 날 아랫마을 주민과 윗마을 산두래미 주민 모두가 나서서 세 명이 한 조가 된 일곱 개 팀이 편성되어 절골, 사까지골, 웅지저울, 저고리골의 넓은 산속으로 흩어져 수색 작업에 들어갔다.

그 넓은 산에서 쉽게 찾아질 리가 없었다. 수색한 지 사흘 만에 웅지저울 맨 마지막 갯골령 넘어가는 능선 입구에서 목을 매고 죽은 시신을 발견하였다. 이미 죽은 지 일주일이 넘어 콧구멍에 구더기가 기어다니고 있었다고 한다.

바보가 자살을 했다. 아무래도 맞지 않은 이론이다. 박전규는 능력은 부족했지만 바보는 아니었다는 추론이 가능하다.

왜 자살을 하였을까?

완고한 박털보, 박전규의 아버지. 아버지가 재혼하여 들인 계모와 아버지 박털보와 사이에 태어난 박현규, 그는 소아마비로 절름발이였다. 전규하고 열 살 가까이 차이가 났고 아버지 엄마의 사랑을 독차지하였다. 그에 비해 박전규는 집 안에서나 밖에서나 천덕꾸러기로 외톨이였다. 그러한 측면을 보면 박전규의 자살은 당연한 결과란 생각이 든다. 남이 볼 때에는 모자란 것처럼 보이지만 실은 절대 강자인 아버지의 기에 눌려 자신의 의지를 발휘하지 못하였던 것이다.

소외감, 가족으로부터의 박탈감, 보이지 않는 희망, 아버지에 대한 두려움 그리고 절망감, 그것이 박전규를 죽음의 나락으로 몰았을 것이다. 최종 선택 자살.

작금의 현실 또한 가진 자들의 절대적 권력과 금전이 휘두르는 무자비한 칼날 앞에 다수의 약자들이 겪어야 하는 상대적 박탈감, 희망이 보이지 않는 미래, 가진 자에 대한 분노와 절망이 약자들을 자살로 내몰고 있다.

민주란 강자의 권력 앞에서는 존재하지 않는 허섭스레기일 뿐이다.

어느 날 갑자기 어느 정권인지 모든 도박 산업에 정당성을 부여해 활성화시켰다. 소외와 희망이 안 보이는 현실에 미래를 망각한 사람들이 모이는 곳. 한탕이란 뜬구름으로 피폐한 의식의 소유자들을 모으는 도박장. 가장 크게 부각되는 것이 경마, 경륜, 경정, 스포츠 토토이다. 나라에서 공개적으로 선전을 하며 국민을 도박하도록 부추긴다. 이 얼마나 통탄할 노릇인가.

인터넷 중독과 학교 폭력 또한 윤리와 도덕이 결여된 결과이다. 일등주의만 지향하는 정책과 교육 위주이다 보니 윤리와 도덕의 부재는 당연하다. 또한 시달리는 의식의 휴식과 여유 공간 역시 없다 보니 학생, 청소년, 젊은이들이 갈 곳이 없다. 선택한 곳이 인터넷이다. 그리고 소외계층과 가정적 괴리로 인한 현상으로 형성된 파괴 성향, 그것이 바로 의식 부족으로 드러난 학교 폭력.

이 모든 현상이 바로 나 자신으로부터 시작되었다는 것이다. 결과적으로 자신 하나로 시작되는 근간이지만, 새로운 개혁의 대안은 보이지 않는다.

황금알을 덜렁 냉큼 낳는 거위인 경마, 경륜, 경정, 스포츠토토. 국민을 우민으로 만드는 한이 있더라도 어쩔 수가 없다.

젠장, 우질, 염할….

올바른 민주주의를 위하여

2011년 아고라에서 판사도 국민의 투표로 선출하여야 된다는 논리정연한 글을 본 기억이 난다. 댓글을 달지는 않았지만, 판사와 법관을 선출직으로 하는 것에 대하여 절대적으로 필요하다고 생각하는 사람 중의 한 사람이다.

지난 일 년간 사법권과의 유무죄의 근거를 놓고 싸우면서 진실의 유무와 관계없이 판결이 이루어지는 것을 보았다.

2011년 4월 버스 운행 중 뒷바퀴에 소형 모닝 승용차가 부딪힌 것을 모르고 갔다가 뺑소니로 기소되어 대법원까지 가는 상고심에서 기각이 되므로 1심 이영ㅇ 판사의 유죄판결, 징역 6월, 집행유예 2년, 수강 명령 40시간으로 확정되어 2012년 5월 21일부터 준법 운전 교육을 받고 있다. 피해자도 처벌을 원하지 않았는데 오히려 사법부에서 불확실한 심증만으로 유죄를 판결하였다.

 이경ㅇ 검사의 왜곡된 공소사실(뒷바퀴에 부딪힌 것을 들이받고 도주하였다. 한글 낱말 뜻은 머리를 대고 받다. 사고에 전혀 부합되지 않은 표현으로 사고 정황을 백팔십도 바꾸어 놓음)을 기준으로 유죄를 확정한 데에는 어디에 그 이유가 있을까?

 한글을 못 깨우친 것도 아닐진대…. 검사 이경ㅇ, 판사 이영ㅇ, 항소심 부장판사 이은ㅇ, 상고심 대법관 민일ㅇ, 박일ㅇ, 신영ㅇ, 박보ㅇ. 그들에게 고유 절대 권한을 부여하여 양심적 판결을 내리도록 헌법으로 보호하고 있다. 또한 판결에 대하여 어떤 누구도 간섭할 수 없도록 규정해 놓았다. 그런데 그들이 정의와 진실을 외면하고 관행만을 중시하고 배타적 영역을 지키고자 도덕과 윤리를 저버리고 있다면…. 또한 자신들만의 철권을 위하여 양심에 검정 선글라스를 끼고 판결을 한다면….

 약자인 절대 다수의 서민은 늘 희생양으로 죄 없는 죄인으로 살아야 된다. 그 희생양이 당신일 수 있고 나일 수 있다.

 이미 나는 왜곡된 공소사실을 한 검사 이경ㅇ을 공개적으로 고소한다고 하였다. 그 결과 확실한 증언과 객관적 심증이 있음에도 절대 권한에 대한 도전과 반발로 보였는지 유죄로 결정되었다. 헌법 소원을 내려고 하니 대법원 판결은 재판을 할 수 없다고 헌법에 명시되어 있다고 한다. 늘 약한 서민인 절대

다수 국민은 서럽게 살아가야 한다. 그 억울함과 설움을 해소할 길이 없다.

한 가지, 판사와 법관을 국민이 선출한다면 불의도 없어지고 정의가 살아날 것이라 본다. 사법부 인물의 권력 기관 절대 다수의 편중도 견제가 되리라 본다.

그렇다면 어떻게 해야 판사와 법관을 선출직으로 할 수 있을까? 계란으로 바위 치기지만 좋은 방법이 있을 것이다.

국민 여러분의 의견을 듣고 싶습니다.

외로운 싸움

　도전과 도전, 끝없는 욕망으로 오르는 인간의 추구는 자연과 순리에 변화를 갖고 온다.
　먼 옛날의 추위를 느끼기가 어려운 요즘 겨울이지만 그래도 월동 준비가 안 된 나는 하루하루가 비루한 절망에 허덕이고 있다.
　건설 현장에서 하루살이 일을 하므로 건설 용역에 새벽 5시에 나간다. 따뜻한 겨울이 고마울 따름이다.
　메일로 민원에 대한 수원지방검찰청의 답변이 올라왔다. 검사를 내정하여 조사를 한다고 한다.
　이제는 기다려야 한다. 결과에 따라 움직여야 한다.
　몇 군데 정당 그리고 KBS 추적 60분, SBS 고충처리반에 '정의와 법은 상반된 관계인가' 라고 내용증명의 형식으로 보냈다.

단 한 군데, 민주당에서 연락이 왔다. 정당이라 우리로서는 어떻게 할 수 없다는 답변. 그래도 조금이나마 관심을 기울여 준 데 고마움을 느낀다.

당연하다는 생각을 한다. 다만 내가 그곳에 보낸 것은 서민은 권력이나 법의 집행에서 봉이라는 사실을 보라는 것이다. 설마 그들이 안다고 해도 자신의 밥그릇이 작아질까 전전긍긍, 함구가 최선이라 생각할 수가 있다. 어차피 권력과 권력의 평행 선상의 묵인 앞에 짜고 치는 고스톱이니까.

나는 현장에서 자재를 나르며 생각한다.

이영○ 판사의 선고는 어떠한 과정을 거쳐서 결정되고 이루어졌는지 곰곰이 생각을 거듭하다가 내가 인터넷을 통해 올린 글들에 문제점이 있음을 발견했다.

지방경찰청의 면허취소에 대한 손해배상. 이경○ 검사의 부당한 공소사실에 대한 고소.

그들이 증오를 표출하는 나에게 무죄를 선언한다면 결과는 자신들의 절대 권좌에 흠집을 내는 것이니 무죄 판결은 엄청난 부담이었을 거라는 생각이 든다.

나의 이야기가 그들에게 어떠한 심리적 부담이 되었는지 생각하게 된다. 그렇다고 진실을 외면해서는 안 된다. 법은 존중되어야 한다.

그러나 나와 같은 일들이 비일비재하게 일어난다면 어떻게 법이 국민들에게 존중 받을 수 있을지 심히 우려가 된다. 법은 권력자들의 요술 지팡이나 방패, 서슬 퍼런 단죄의 칼로 이용되어서는 안 된다.

판결문을 받아 본 딸은 서글퍼한다. 이제 어떻게 나 자신을 지켜 갈까 두렵다.

날아드는 독촉장. 올 겨울은 나에게 유난히 추운 겨울이 될 것 같다.

유전무죄 무전유죄

나는 말하고 싶다. 법은 무엇인가!

인간이 존재하면서부터 집단이 형성되므로 질서와 안녕을 도모하기 위하여 힘 있는 집단(인간)에 의해 법이 만들어졌다. 그 취지는 평등과 형평성과 그에 대한 정당한 권리, 옳고 그름에 대한 도덕적 테두리 내에서 인권을 보호하고 질서를 지키고자 함이었다.

힘 있는 집단, 권력과 물질에 의해 형성된 소수 계층. 법은 인간이 만들었으므로 언제든지 힘 있는 집단에 의해 변경되고 바뀔 수 있는 유동적인 것이다. 그러므로 법의 진정한 가치는 상실되고 언제든 강자의 논리 안에서 고착될 수밖에 없다.

법은 군림하는 것인가, 아니면 존재하는 것인가. 약자 앞에서 법은 군림하고 강자 앞에서 법은 유희물로 전락한다.

저는 최근 국민신문고와 지식인에 이름이 오르락내리락 하는 평범한 사람입니다.

묻고 싶습니다. 국민 여러분에게….

저는 변호사를 선임할 여력이 없습니다.

판결도 나지 않은 교통사고 건에 뺑소니라고 담당 경찰관이 조서를 작성하자 검찰 조사도 끝나지 않은 사건을 지방경찰청장의 권리로 면허부터 취소하는 황당무계한 일을 겪었습니다. 만약에 제가 변호사를 선임했거나 힘 있는 집단의 한 사람이었다면, 과연 면허를 취소당했을까, 심히 의심이 갑니다.

며칠 후 저는 경기지방경찰청장에게 내용증명을 보낼 것입니다. 판결이, 아니 헌법 소원을 가서라도 뺑소니에 대한 무죄를 받아낸다면 경기지방경찰청장을 상대로 그 취소된 날짜에 대해 손해배상을 청구할 것입니다. 그 손해액은 국민 여러분께서 정해 주시면 고맙겠습니다.

국선변호인이라고 무보수 국선 변호사를 선임할 기회를 주지만, 풍문은 무보수다 보니 아주 무성의하고 사건의 진실과 정의를 밝히는 데 별반 도움이 되지를 못한다고 합니다.

나누어 먹기 식의 사회적 병폐 현상. 가진 것이 없는 서민은 나누어 먹을 것도 없어서 군림하고 가진 자의 소유의 무궁함을 헤아리기가 불가능합니다.

일류와 의식은 비례하는가
반비례하는가

　사회적 지위 분포도에서 최상류 10퍼센트와 최하류 10퍼센트의 의식 상태는 매우 편협할 수 있다. 이유는 시야의 협소함에서 찾아볼 수 있다.
　다각도의 체험과 실제의 경험을 통한 의식의 부재. 그러므로 사고와 판단에서 자신이 지내 온 환경 외에는 보지 못하는 크나큰 오류를 범하는 것이다.
　이화여자대학 하면 국내 최고의 여자대학이면서 역사가 깊은 대학이다. 나의 조카 역시 이 검사보다 이삼 년 앞선 학번으로 그 대학을 다녔다.
　인터넷을 검색하다가 안양지청 이경○ 검사가 이화여자대학 출신임을 알았다.
　에구 에구, 이게 뭐요. 최고 대학의 수재가 뒤쪽 바퀴에 부딪힌 것을 들이받았다고 엉뚱한 공소사실을 하였다니….
　이화여대의 체면이 말이 아닌 것 같다. 명문 대학의 입장에서도 혀를 찰 노릇 아닌가. 훈민정음의 낱말도 제대로 모른다니….
　지난 삶의 길, 편협한 외곬의 길을 걷는 과정에서 나타난 현상이 아닌가 우려가 된다.
　로스쿨 임용 반대의 이유 중 옳은 것도 있지만 외곬의 길만을 걸어온 사법고시생의 편협한 시야로 인한 오류를 부분적으로 구제하는 것도 있지 않은가.
　그런데 참 의문이 가는 것은 그 공소사실(뒷바퀴에 추돌한 것을 들이받았다고 한)이 진정 이경ㅇ 검사의 생각으로 쓰여진 것인지 아닌지 의문이 간다는 사실이다. 관행과 선배의 생각을 옮겼는지 그 진실을 알고 싶다. 분명 국어 낱말의 뜻을 몰랐을 리 없을 테고.
　조직의 희생양인지…. 아무리 관행을 중시한다 해도 자신의 양심을 저버렸기 때문에 진실이 밝혀질 때까지 나의 증오는 멈추지 않을 것이다.

잘못된 핸드폰 판매와
부당한 요금징수 방법

　공짜, 하나 장만하시오, 바꾸시오, 통신사도 변경하면 위약금을 대신 물어 주니 하며 각종 지원과 현금까지 준다고 한다.
　그것이 불법업체라면 기지국은 핸드폰을 개통해 주면 안 되는 것이 정상 아닌가! 기지국에서 개통시켜 주었다면 불법이 아니다. 불법이라면 기지국 역시 공범이며 불법자이다.
　그런데 하고 나면 이해가 안 되는 용어나 트집으로 공짜라 해놓고 단말기 값을 빼 간다. 이것은 소비자에 대한 기만이며 사기 판매이다.
　그리고 통신사는 고객이 통화를 많이 해서 통화요금이 커야만 위약금 및 단말기 값을 상쇄하고도 이익을 챙길 수 있다.
　문제는 소비자가 사용을 적게 하여 통화료가 적게 나오면 단말기 값이 떨어지지 않는 데서 발생한다.

2012년 초 공짜라고 하여 판매원에게 설명을 듣고 계약하게 되었다. 스마트폰 삼성기기, SK 텔레콤. 개통하는 중에 핸드폰에 단말기 비용 금액이 뜨기에 "이게 뭐요, 공짜라더니." 하고 따졌다. 직원이 SK인지 어딘가에 전화를 하여 어쩌니 저쩌니 통화하더니, 됐다고 하였다. 그러나 믿음이 안 가서 증표를 해 달라고 하였더니 판매원이 이름을 적고 사인을 해 주었다.

차후 상세명세서 없이 요금 액수만 스마트폰으로 보내오고 통장에서 돈을 인출해 갔다.

여러 방법을 통해 메시지를 보냈다. 매번 응답을 할 수 없는 번호라고 답장이 올 뿐 상세명세서는 날아오지 않았다.

누가 그 금액을 책임지겠는가! 곧 들통이 날 것 같으니 명세서를 보낼 수가 없었다고 보여진다. 분명 이것은 SK의 암묵적 동의가 있었다고 보여진다.

고발합시다.

공짜폰이라고 감언이설로 고객을 속이고 기만한 판매업체 및 대리점 모두 작당한 한패로서 고객을 기만하고 이용했다.

또 몇 개월 전 노트북이 필요해 하이마트에 갔더니 KT의 와이파이인가 와이브로인가 무선인터넷에 가입하면 넷북은 공짜이고 기타 노트북은 종류에 따라 월 2만 원 정도만 24개월 할부로 납부하면 구입 가능하다고 하였다. 약정 30개월만 지키고 무선인터넷 사용료 2만여 원만 납부하면 된다는 것이다.

구입을 하였다. 차후 납부명세서를 보니 채권자는 하이마트가 아닌 KT이다. 납부 명목도 공짜라던 단말기에 명칭이 붙어 있다. 하이마트와 KT가 말장난으로 기만을 한 것은 분명해 보인다.

얄팍한 판매 수단으로 사용된 공짜라는 단어, 그건 분명 사기일 수 있다. 소비자의 심리를 공짜가 아니면서 공짜인 척 유도하여 충동 구매를 하게 한 것은 유권해석상 사기라고 해도 될 것이다. 물론 KT에서 무선인터넷 사용료를 소비자에게 높이 매겨 거기서 발생되는 이윤을 단말기 가격으로 사용하였을 것이다.

분통이 터진다. 국민신문고에 북을 울렸더니 연락이 왔다.

KT 직원 왈,

"모든 단말기는 공짜란 것이 없습니다."

"그럼 와이브로 무선인터넷 가입하면 기기가 공짜란 말은 뭡니까? "

"그거야 모르죠."

이러한 문제가 나에게만 일어나는 것은 아닐 것이다.

누군가는 고발도 하였으리라 보여지는데…. 고쳐지지 않는 사회 병폐 현상, 얄팍한 상술, 고발이 된다면 법은 누구의 편일까? 당연히 정의의 편일 것이다. 그렇지만 그 법을 집행하는 사법부는 부자의 편일까? 아니면 약자의 편일까?

심히 우려가 된다. 법무팀까지 꾸려 지명도 있는 변호사로 싸울 텐데, 이길 수가 있을까?

진실과 정의를 막는 법의 관행

2011년 10월 27일 15시 40분, 재판 법정 405호, 이영○ 판사. 30분 전 도착하여 공판을 기다렸다.

검사 측 증인으로 모닝 승용차의 운전자 조경○ 씨와 그 당시 현장에 있었던 의경이 나왔다.

판결은 11월 21일 10시로 연기되었다. 절차상의 연기인지 아니면 판결을 내리기에 증거 및 내용이 불분명하여 판사로서의 결정이 어려워서인지 판결은 미루어졌다.

나로서는 답답하고 갑갑한 시간, 십 년 같은 한 달 가까운 시일이 또 늘어졌다.

아무리 당당하여도 법정에 서는 일은 매우 불편하다.

오늘 증인에 대한 검찰 측 심문과 국선변호인 김상○ 변호사의 질의가 있었다.

의경이나 조경O 씨는 어느 부분이 버스의 추돌 부분인지도 기억해 내지 못했다. 버스 번호도 모르고 사고만 인지했지 정확한 경위와 추돌 부위 및 정황에 대해서는 불분명한 답변으로 일관했다. 어쩌면 나의 차가 아닐 수도 있다는 의구심이 들었다.

검찰 측 구형은 징역 1년으로 내려진 것 같다. 통상적인 관례인지 아니면 교통사고의 정황적 판단이 징역 1년에 해당하는지, 분노가 인다.

조용한 목소리, 긴장해서 잘못 들었는지 몰라도 징역 1년은, 무슨 해괴한 판단인지 가슴속 깊이에서 우러나는 분노와 증오를 금할 수 없다.

아무리 죄를 밝히고 그에 걸맞은 벌을 가한다지만 증인 심문에서 불분명한 답변만 나왔는데 검찰은 구형을 징역 1년으로 했다. 그 여자 검사가 어떻게 그런 판단을 했는지 알 수 없다. 모든 판결의 내용이 이렇다면 얼마나 많은 사람들이 공권력이란 검찰의 손에 피해를 보는지 불을 보듯 뻔한 것 같다. 이러한 구조적 모순은 하루빨리 척결되어야 한다고 본다.

검찰은 죄를 만들어 벌을 주기만 하는 것이 일이요 업무라면 이 또한 망측한 일이 아닐 수 없다. 공정성을 갖고 판단해야지 죄를 최대한 많이 만들어 피의자를 더 험한 골목으로 모는 것이 검사의 일이라면 그들을 악마로밖에 표현할 수 없는데, 슬프다.

주변 상황이 매우 불안정하다 보니 제대로 된 직장을 구하기가 쉽지를 않다. 백수의 생활을 한 지 한 달이 넘은 것 같다.

집에 있는 시간이 많다 보니 텔레비전을 보는 시간이 많다. 유선 방송의 수사 시리즈물을 보았다.

성범죄 수사대 SVU, '잃어버린 10년'.

억울하게 누명을 쓰고 감옥에 갇힌 사람들, 10년 후에 진범이 잡힘으로써 진실이 밝혀졌다. 그 억울하게 갇혀 지낸 세월, 어떻게 보상을 받을 수 있나.

그런데 진짜 웃긴 것은 그 진범이 재판을 받기 전에 죽어 버려서 확실한 증거가 있는데도 억울하게 옥살이를 하고 있는 사람을 풀어줄 수 없다고 한다.

이 무슨 천지개벽을 할 노릇인가. 억울하게 산 세월을 보상받아야 할 상황인데 오히려 진범이 밝혀졌는데도 판결 전 죽었다고 나머지 형을 살아야 한다니. 정말 민주주의, 법치국가의 모순 중 모순으로 아이러니하지 않을 수 없다.

돈 있고 권력이 있으면 살인을 해도 변호사만 잘 사면 증거 불충분이나 기타 등등의 이유로 풀려나고, 돈 없고 힘없는 사람은 죄를 안 지어도 누명 쓰고 몇십 년씩 살 수도 있다. 이러한 일이 선진국이라고 하는 미국에서 일어나는 현상이다.

드라마나 영화, 시리즈, 연극, 기타 등등…. 이것은 현실을 반영하여 그려지므로 그 시대의 현실상이라고 보여진다.

CSI 수사 시리즈, '암호를 풀어라'.

이것 역시 살인자로 몰려 25년 형을 억울하게 살자 그 울분을 동생이 복수하는 수사 시리즈 극이다.

공감이 간다. 정의를 부르짖는 법이, 못난 인간에 의해 더럽혀지고 있다. 억울하게 누명을 쓰고 들어가 살고 있는 사람이 자신이라고 생각해 보아라. 얼마나 분노스럽고 통탄할 일인가.

그런데 그 잘못을 저지른 사람들, 수사관과 검사, 판사, 재판관 그리고 무능한 변호사들, 그들에 대한 처벌을 할 수 있는 단호한 법은 왜 안 만들어지는가.

그들의 무능이나 잘못된 판단과 수사로 무고한 사람이 억울하게 감옥살이를 했다. 만일 당신이 당했다면 그 사람들, 수사관과 검사, 판사, 재판관에 대한 분노를 어떻게 하겠는가.

검사와 판결을 하는 사람들, 그들이 잘못된 판결을 했을 때 처벌하는 법이 제정되어야 하지 않겠는가 묻고 싶다. 그러한 법이 제정되지 않고 민주주의요, 법치국가요, 자유주의라 할 수 있는가.

무고한 사람을 누명을 씌워 가두는 행위는 폭력이나 절도, 사기, 살인보다 더 중대한 잘못이라 본다.

우리나라에서도 위의 극처럼 무고한 사람이 억울하게 옥살이는 하는 사례가 있다고 보여진다.

그래서 검사나 판사는 분명하고 정확한 분별력으로 객관적 판단과 과학적 수사의 정확성으로 결론을 내려야 한다.

진실의 눈

2011년 12월 16일 수원지방법원으로부터 등기를 받았다.

2012년 1월 3일 11시 20분, 법정동 제410호. 재판장 판사 이은○.

안양지원으로부터 모든 자료를 받았으리라 본다. 안양지원의 공판에 대한 기록이 왜곡되지 않고 진실 그대로 모든 것이 넘겨지기를 바랄 뿐이다. 내 기억에 의존하여 서술하여 이미 인터넷에 공개한 안양지원 2차 공판 내용을 수원지방법원 이은○ 판사가 정의와 진실로 보아 주기를 바랄 뿐이다.

2011년 11월 22일 10시, 안양지원 405호, 법정 담당 법관 이영○. 2011고단743 특정범죄가중처벌 등에 관한 법률위반.(도주 차량)

차례가 되어 피고인석에 섰다.

이영○ 법관이 선고를 위한 몇 가지 내용을 언급하였다. 두 가지로 구분할 수 있다.

1. 피고는 경찰 조사에서 부딪히는 소리를 들었다고 진술하였다. 그 소리를 들었음에도 신호를 무시하고 그냥 질주하였다.
2. 피고는 음주운전을 한 사례가 있었고 2004년 후에는 사고가 없었으며 피해자 조경○ 씨 또한 처벌을 원하지 아니하고 있다.

피고에게 징역 6월과 집행유예 2년과 수강명령 40시간 선고를 실형한다.

나는 실형을 선고 받으며 이것이 정의의 잣대인지 칼인지 혼동이 왔다. 어떻게 내 진술 내용에서 부딪히는 소리를 들었다는 것만 언급하고, 피해자 쪽 진술과 최문○ 증인의 증언은 무시되고 검사의 공소사실만 갖고 판결하는지 의문이다.

분명 경찰 조서에서 부딪히는 소리를 들었다고는 했지만(조사 시 장시간 반복적 질문과 장애2급인 아이의 삼성서울병원 입원 통보로 인해 시간에 쫓김, 담당 형사 김호○ 씨도 알고 있는 상황임. 사고 시간이나 위치도 모르는데 부딪히는 소리를 기억할 수가 있겠는가. 시간에 쫓기고 다그치는 형사의 질문에 음주 조사는 있었어도 사고로 인한 조사는 처음이라 당황도 했다) 차내 승객이 만원이고 소음이 심했으며 차의 움직임에 따라 승객이 창문이나 의자에 부딪히는 소리와 돈 통에서 나는 소리 또한 컸으므로 신경을 쓰지 않고 진행했다고 진술한 것으로 안다. 또한 혼잡한 사거리고 신호가 바뀌는 상황이며 내년이 폐차인 버스에서 나는 각종 소리 때문에 다른 데 신경을 쓸 여력 또한 없었다. 그러한 상황은 경찰 조사나 검찰 조사에서도 수없이 진술하였던 부분이다. 일부는 진술서에 기록되었지만 빠진 부분 또한 많다. 진술서 작성이 조금 미흡하지만 충분히 그러한 상황을 인지하도록 되었기에 진술서에 사인을 하였다.

그런데 선고에서는 그러한 부분이 모두 빠지고 부딪치는 소리를 들었다는 것만 언급하여 판결 내렸다. 과연 이것이 공정한 법 집행인지 의문을 제기하지 않을 수 없다.

국민신문고를 통하여 재조사를 요청하였고 버스의 EB 카드를 확인하여 승객을 상대로 그날 사고 여부를 수사하여야 함에도 영장이 있어야 된다는 말만 하며 조사는 진행되지 않았다. 피의자 쪽 조사도 이뤄져야 사고 차량의 진위 여부도 알 수 있지 않겠는가. 일방적 한쪽 조사만으로 공정한 판결은 나올 수 없다. 그래서 선진국은 배심원 제도를 도입해 일인 판사의 오류와 편견을 방지하고 있다. 또 다수의 의견을 통해 정의를 실현하는 제도는 매우 타당해서 민주주의를 올바로 행사하는 길이기도 하다.

10월 27일 있었던 증인 심문에서 피해자 조경ㅇ 씨는 무엇이 부딪히고 갔는지도 몰랐다고 진술했고, 10미터 거리에 있던 의경이 말하여 알았으며, 의경 역시 버스의 번호도 모르고, 사고 부위도 경찰이 사진 촬영 부위인 뒷바퀴 부분의 미세한 홈집과 뒷바퀴 검은 선이 사고 접촉 부위라 하자 버스의 중앙이라고 단호하게 증언하였다. 그렇다면 사고 차량은 내 차가 아닐 수도 있다는 가설이 성립된다.
　그러한 증인의 증언이 있었는데도 전혀 언급이 없고 부딪치는 소리를 들었다는 내 진술 하나만 갖고 뺑소니 차량이라고 판결하는 것은 잘못되었다고 보인다.
　7년 전 음주 운전은 지금의 사고와 아무런 관계도 없고 증거는 부족한데도 피의자를 어떻게든 범법자로 몰아가는 현상을 어떻게 이해할 수가 있을까?
　사회의 밑바닥에서 일하며 민생고에 허덕이는 버스 운전사, 승객이 있는 한 도망갈 수 없는 상황인데도 법의 집행자는 외면하고 있다.
　어떻게든 뺑소니로 몰아야겠다는 검사와 판결자에 한없는 증오가 일어난다.

　인터넷에 올렸던 〈정의로운 사회〉 10월 27일 공판 내용을 첨부한다.
　2011년 10월 27일 15시 40분. 안양지원 405호 법정. 담당 판사 이영○. 국선 변호사 김상○.

피고와 검찰 측 증인으로 두 명이 채택되었다. 사고 차량 모닝 승용차 운전자 조경○ 씨와 사고 당시 현장에서 근무했던 의무경찰 한 명이 소환되었다.

검찰 쪽 증인으로 의경이 먼저 증인석에 앉았다. 검찰의 심문이 시작되었다.

젊은 여 검사는 경찰 조서의 진술 내용을 열거하며 증거 자료로 채택하여 판사에게 제출하고 의경의 진술에 대해 몇 가지 질문을 하였다.

"증인은 그 당시 충격의 소리가 어느 정도 컸다고 생각합니까?"

의경은 다소 상기된 표정과 긴장된 모습이었으나 차분하게 검사의 질문에 대답했다.

"주변의 운전자들이 내려서 자신의 차를 확인할 정도였습니다."

여 검사는 판사를 향해 증거 자료로 채택한 진술서의 쪽 번호를 말하며 심문을 끝냈다.

"이상입니다."

이영○ 판사가 변호인 쪽을 향해 보며 말했다.

"심문하세요."

변호인은 준비한 서류와 자료를 정리하더니 증인을 향해 질문을 던졌다.

"증인은 현재 의경으로 근무하는 곳이 어디입니까?"

"부평 경찰서…. 지구대입니다."

"어떻게 부평 근무자가 이곳에서 근무하게 되었습니까?"

"전경이나 의경은 상황에 따라 지원 근무를 수시로 나가므로 지원차 이곳에 와서 근무하게 된 것입니다."

"증인은 사고 당시 사건 현장에 있었다는데, 사고 위치와는 거리가 얼마 정도였습니까?"

증인은 잠시 생각에 잠기는 듯하다 말했다.

"시간이 많이 지나 정확하게 기억은 못 하지만 십여 미터 정도 됩니다."

"그러면 증인은 차 안에 승객이 타고 있는 것이 눈에 보였습니까?"

"예, 보였습니다."

"많았습니까?"

"예."

"어느 정도 많았습니까?"

증인은 잠시 생각하더니 대답했다.

"순식간에 일어난 사고라 정확한 것은 알 수 없지만 승객이 창 쪽에 있는 것을 보았습니다."

"사고 부위는 어느 부분입니까?"

증인은 선뜻 대답을 못 했다.

"시간이 오래 지나 기억이 가물거리지만 버스의 중간 부위입니다."

변호사가 재차 질문을 하였다.

"버스의 중간이 확실합니까?"

"예, 맞습니다."

나는 증인의 얼굴을 보았다. 경찰 조사 자료 사진에서는 분명 버스의 뒤쪽 바퀴와 그 뒤쪽의 추돌 흔적을 제시하였다.

나는 다시 의구심이 들었다. 어쩌면 내 차가 아닐 수도 있다고. 10미터 내외에 있었다는 의경은 차량 번호도 모르고 사고 부위도 다른 곳이라 진술하였다.

변호사는 침착하게 증인을 향해 심문을 했다.

"버스의 색깔이 무엇입니까?"

"파란색입니다. 제가 본 차가 확실합니다. 다음에 오는 버스 기사에게 앞차가 사고를 내고 도주하였다고 말하였습니다."

"그곳에는 수많은 파란 버스가 다니는데…."

"한 가지 더 묻겠습니다. 그날 사고 차량 버스가 그냥 지나갔습니까? 아니면 멈칫거리다 갔습니까?"

"그냥 쌩하고 달려갔습니다."

"원래 운전자가 사고를 인식하게 되면 멈칫거리는데 안 그랬습니까?"

"……."

"이상입니다."

변호사의 심문이 끝났다.

몇 가지 내용이 더 있는 듯하지만 기억에 의존해 기술하다 보니 플러스 마이너스의 편차가 있고 빠진 부분도 있다.

증인 의경이 자리를 일어나 나갔다. 그리고 피해자 모닝 승용차 운전자 조경○ 씨가 증인석에 앉았다.

검찰 측 심문은 증인 의경에게 했던 것과 같은 방식으로 진행되었다. 더 첨가된 부분은 조경○ 씨의 충격에 관한 질문이었다.

"저는 놀라 아무것도 몰랐습니다. 의경이 와서 버스가 치고 갔으니 아줌마는 아무 잘못도 없다고 했어요. 그래서 알았습니다."

변호사의 질문에 조경○ 씨는 긴장한 듯했으나 대부분 진실에 입각해 자신의 의견을 말하는 모습이 보였다.

조경○ 씨의 증언 내용을 정리하면 다음과 같다.

1. 처벌을 원치 않는다. 미리 연락만 주었어도 법정까지 오지는 않았을 것이다.
2. 사고 당일 사고 차량을 직접 몰고 집에 갔으며 병원은 다음 날 갔다.
3. 너무 빨리 지나가 뭐가 부딪히고 지나갔는지도 몰랐다.
4. 앞으로 천천히 가고 있었는데, (잠시 언급되었음) 뭐가 확 지나가며 차가 옆으로 밀렸다.
5. 의경이 모두 버스 잘못이라고 하여 그런가 보다 하였다.

증인의 불분명한 진술과 운전자가 인식을 하지 못하였음이 객관적 입장에서도 알 수 있다.

나만 기억하는 부분인지 몰라도 4번의 내용은, 사고 당시 움직였다는 것은 사고의 내용 정황상 과실 여부를 따진다면, 피해 차량이라는 모닝이 오히려 반 과실 내지는 가해 차량으로 될 수 있음이 보인다.

검찰의 구형이 내려졌다.
"징역 1년에 처합니다."
너무 소리가 작아서 잘못 들었는지 몰라도 징역 1년이라는 것 같았다.

관례인가, 아니면 의례적으로 하는 구형인가. 이것이 검찰의 할 일이고 책임이라면…. 매우 통탄할 일이라는 생각이 든다.

검찰 측 증인 심문 내용을 보면서 내가 사고 인지를 못하고 계속 버스를 운행했음과 사고 부위조차 가려내지를 못하는 증인의 증언이 옳다고 하는 검찰이 진짜 분별력이 떨어지는지, 검찰의 위상을 세우기 위한 무지의 행위인지 구분을 할 수가 없다.

11월 21일 10시에는 어떠한 판결이 내려질지 알 수 없다. 어떠하든 나는 불합리한 제도와 관례와 위상으로 이루어진 행태에 대하여 힘이 있는 한 싸울 것이다. 관례나 선례가 잘못되었다면 고쳐야 한다.

검찰은 범인을 잡고 그에 걸맞은 형벌을 가하는 것이 업무이다. 조사를 통하여 진실이 밝혀지고 죄가 없음이 드러난다면 채신을 세울 것이 아니라 국민과 시민 앞에 서서 당당하게 잘못을 시인하고 진실에 맞는 정당하고 정의로운 구형을 내려야 한다. 그리한다면 국민과 힘없는 서민들로부터 검찰은 무한한 사랑을 받을 것이다.

오늘로 증인 심문 및 변호가 있은 공판일로부터 11일이 지났다. 많은 생각을 했다.

입을 다물기에는, 검찰이 징역 1년이란 구형을 했다면 침묵을 지키기에는 행태가 너무….

정의는 무엇이며, 법은 무엇인가?

'천 번의 입맞춤'과 고단한 나의 현실

MBC 드라마 '천 번의 입맞춤'을 보며 나는 생각한다.

잘 안 보는 연속극이지만 나의 처지와 부분적으로 같은 이야기이기에 보게 되었다.

우주미의 시어머니 역, 친모로 나오는 유지선(차화연)은 어린 두 딸을 버리고 집을 나가는 천륜을 저버리는 패륜적 행위를 한 여자이다.(드라마 속 내용임)

나의 3명의 자식들….

1999년 11월 15일, 아침 뿌연 여명이 작은 창문을 통해 어둠침침한 방 안으로 들어왔다. 지난밤 취기에서 눈을 떴다. 머릿속은 장맛비에 흐르는 흙탕물처럼 혼탁하다.

속이 쓰리다. 나는 쓰린 속을 다독거리며 자리에서 일어났다. 옆을 둘러보았다. 여섯 살 난 막내가 이불을 절반만 덮고

웅크린 모습이 눈에 들어왔다. 머리가 쭈뼛하니 곤두서며 서늘한 기운이 몸을 엄습했다.

이불을 박차고 일어나 부엌문을 열어 보았다. 싸늘한 냉기만이 가느다란 어둠을 밀쳐내고 있었다. 화장실로 조심스럽게 다가가 문을 열어 보았다. 그곳 역시 싸늘한 냉기만이 구석에 움츠리고 있다.

잠시 두 눈을 힘주어 감고 서 있었다. 어젯밤 잠결에 아이의 엄마가 이불을 덮어 주는 느낌을 기억 속에서 찾아내었다.

아이들 방으로 조심스럽게 다가갔다. 소리 없이 문을 밀치고 안을 들여다보았다. 이층 침대 아래는 열 살 난 둘째 딸, 이층은 열네 살 된 큰딸이 자고 있다. 책상과 공간들은 칙칙한 어둠에 갇혀 있다.

다른 방, 대·소변을 못 가리는 아버지 방은 고약한 냄새로 가득하다. 아버지가 누운 채로 나를 보고 비시시 웃으신다. 문을 닫고 안방으로 돌아와 자리에 조심스럽게 누웠다.

아내는 슈퍼에 갔는지도 모른다. 기대를 하며 어젯밤 일을 떠올렸다.

어젯밤 10시에 집에 돌아와, 저녁도 못 먹고 텔레비전 앞에 옹기종기 말없이 앉아 있는 아이들을 보았을 때, 무섭게 밀려오는 분노를 억제하지 못해 벽을 이마로 들이받았다.

"아빠, 왜 그래."

두려운 눈으로 나를 보며 둘째 딸이 말했다.

분노를 삭이고 시계를 보았다. 10시가 넘어 있다. 아내가 밤 늦도록 집 밖을 서성이기 시작한 것이 언제부터인가를 더듬어 보았다.

우울증 진단을 받고 병원에 입원하여 치료를 받았다.

"나 입원해 있을 때만이라도 아버지 좀 누가 모셔 가면 안 될까?"

막내아들이 입원했을 때, 그리고 지금 두 번째 던지는 아내의 질문이다.

나는 아내의 얼굴을 바라보다 창밖을 보았다. 어디론가를 향해 질주하는 차들이 끊임없이 달려가고 있다.

아내의 질문에 답변을 해야 한다. 곤혹스럽다. 옮기면 아버지가 가 있는 곳은 모든 생활 패턴과 리듬이 흐트러지고 엉망이 된다. 어느 시점인가부터 휴가철이나 아버지를 맡길 일이 생기면 이상하게 형제들과 연락이 안 되곤 했다.

"우리 선에서 해결하면 안 될까?"

아내는 고개를 돌렸다.

일주일 후 퇴원하여 3개월 정도 지나면서부터 아내는 집에 있는 시간이 적어지고 밖으로 나돌다가 밤늦게나 돌아오곤 했다.

"힘들어도 아이들은 돌보아야 되는 거 아니냐?"

두 차례에 걸쳐 경고를 했다.

어젯밤 내 분노가 폭발했다. 아내에게 손을 댔다. 그리고 소주 두세 병을 병나발을 불며 마셨다.

후회가 밀려온다.

"애들아, 엄마가 없다."

큰딸은 표정이 변하지 않는다. 둘째 딸만 놀란 얼굴을 하며 되물었다.

"진짜 없어?"

나는 힘없이 고개를 끄덕였다. 하늘이 내려앉는 어둠, 끝이 보이지 않는 절망. 가슴으로 밀려드는 아릿한 아픔을 견딜 수가 없다.

그렇게 아이들 엄마는 어린 자식을 두고 집을 나가는, 천륜을 저버린 여자가 되었다.

"이불 덮고 똑바로 누워요."

잠결에 들리던 목소리, 그것이 아내로서 마지막으로 나에게 한 말이었다.

여섯 살 된 막내아들(선천성 뇌형성 장애 2급), 열 살 난 둘째 딸, 열네 살 난 큰딸을 두고 어두운 새벽 골목길을 지나 집을 나갔다.

막내아들은 두 살 때부터 최고라고 하는 삼성서울병원에서 약물 치료를 받고 있다. 치료 내내 "고쳐 봅시다. 좋은 약이 계속 개발되어 나오니 고칠 수 있을 겁니다." 막연한 약속, 고칠 수 있다는 확신은 안 한다. 그러한 절망을 견디어야 하는 아이 엄마의 심정을 나는 안다. 그리고 하나 더, 중풍과 치매를 앓고 있는 시아버지의 병수발. 아내에게 견디기 힘든 최악의 상황이었음을 나는 안다. 게다가 아내는 본인이 우울증에 시달려 대학병원에서 진료를 받아야 했고, 나중에는 진료비 관계로 개인병원에 입원해 치료를 받기까지 했다.

아내가 집을 나간 것은 내 책임도 크다는 것을 안다. 조금 더 아내를 도왔다면 어두운 새벽 어린 자식을 뒤로 한 채 집을 나가기까지 했을까? 자책감이 들지만 그래도 그건 아니다라는 생각이 머릿속 깊숙이 안개처럼 끼어 있다.

아버지는 아내의 가출 후 50일 만에 돌아가셨다. 민생고를 해결해야 하는 나의 입장에서 아버지를 완전하게 거두기가 어려웠다.

진짜 하고 싶지 않은 이야기가 있다.

나는 5남매의 장남이다. 위로 누님 두 분 아래로 남동생 둘. 최근에는 드물게 연락하고 지내지만 전엔 차단되다시피 했다.

아이가 아파 병원에 있거나 아이들 엄마가 집을 나갔을 때 내가 아무리 잘못을 했다 하더라도 자신들을 존재하게 했던 아버지인데…. 왜 연락을 차단한 채 외면했을까? 아버지가 돌아가셨다니 신나서 나타나는 그들….

아내가 아들을 병원에 입원시켰을 때 나에게 말했다.

"형제들 중 누가 좀 동인이 퇴원할 때까지만이라도 모시면 안 될까?"

"아버지는 어디를 가시든 그 집안은 엉망이 된다. 그 고통은 우리 선에서 끝내자."

내 대답이 아내에게는 헤어나올 수 없는 늪 속으로 밀어 넣는 사형선고와 같았을 것이다.

'천 번의 입맞춤'의 유지선(차화연)은 무척이나 여성스럽고 대표적 여인상이라고 해도 손색이 없는 여자이다. 아이들 엄마 역시 그런 여자였다. 심성이 여리고 고왔다.

그래도 나는 용서할 수가 없다. 아버지가 돌아가신 후에는 돌아와야 되는 거 아닌가 묻고 싶다.

'천 번의 입맞춤'을 보며 나는 가끔 홀로 눈시울이 아려 어둠 저편에 뜬 달을 보며 우울해한다. 오늘 나의 현실은 결손가정으로서의 최악의 상태를 가고 있다.

큰딸은 대학을 졸업했지만, 종로에 있는 외국인 회사에 6개월을 다니다 그만두고 오랜 시간 골방에 박혀 두문불출, 상실감으로 인한 고통과 고독의 밤을 보내고 있다. 둘째 딸 역시 우울증에 시달리며 약물치료를 받고 있다.

이렇게 나의 가정은 막다른 골목으로 가고 있다.

아침에 일어나 엄마가 없는 것을 알았다
3일이면 돌아올 줄 알았다
왜냐하면 엄마는 우리를 무척 사랑했기 때문이다
한 달이 지나도 엄마의 소식은 감감하다
아빠의 얼굴에서 절망을 보았다
한 번도 아빠의 얼굴에서 못 보던 표정과 우수이다

3개월이 지나도 엄마의 종적은 알 수가 없다

아빠는 고통스러워했다

야간 작업까지 나가며 우리와 아빠를 포함한 네 식구를 먹여 살리기 위해 정신없이 뛰시는 아빠가 불쌍하다

피로에 지쳐 잠시 잠든 아빠의 얼굴을 보았다

열한 해를 산 눈으로 세상을 보고 절망을 보았다

생일이 3월이므로 7살에 학교에 들어가 5학년이지만 아픔을 안다

아빠의 얼굴을 유심히 보다

아빠의 야식인 도시락을 싼다

눈물이 난다

엄마가 보고 싶다

엄마는 우리를 버린 것일까

아빠의 괴로워하는 모습에 민지는 가슴이 아프다

우리처럼 아빠도 엄마가 그리운가 보다

우리의 아픔을 모른 채 엄마는 어디서 무엇을 할까

절망이 뭔지 모른 채 절망하는 우리를 알까

은실이도, 경애도, 민주도….

엄마가, 아빠가 없다

어른들은 참 나쁘다

우리들의 가슴이 얼마나 망가지는지 신경도 안 쓰니까

우리의 아픔도 외면한 채

엄마는 그렇게 소리도 없이 집을 나갔다
우리들의 아빠와 엄마들은
그렇게 그렇게 아무렇지도 않게
우리들을 버린다.
　　　―편문 시집 『아직도 그대는』 중 〈엄마의 가출〉

　2010년 10월 1일, 막내아들은 삼성서울병원 이문향 선생님과 기타 많은 분들의 도움, 사회복지과 홍예란 선생님의 후원회 선정으로 뇌 신경계의 최고 권위자이신 홍승철 교수님의 집도하에 8시간이 넘는 뇌 수술을 받았다.
　머리를 열어 뇌 속에 전극을 깔고 특수 치료실에서 상태를 체크하며 일주일 후 전자파를 일으키는 부분을 제거하는 수술을 한다.
　일주일 동안 경과를 봐야 함에도 아들 동인이는 발작 증상이 심해 수술을 3일이나 당겨 4일 만에 제거 수술에 들어갔다. 안 하면 생명이 위태로운 지경에 이르러 마지막으로 시도한 수술이었다.
　4일 간격으로 8시간이 넘는 수술을, 2번에 걸쳐 받았다. 그 4일이 나에게는 천 년같이 어둡고 무겁게 흘러갔다.
　아이 엄마는 죽음을 넘나드는 아들 수술에도 나타나지 않았다. 다른 남자의 아내가 되어 있는 아이들 엄마에게 참을 수 없는 분노가 일어난다.

2006년 8월 6일에 출간된 장편소설 『유화물감』은 아이들 엄마가 가출한 시점부터의 상황을 자전적 형식으로 쓴 것이다. 아무리 객관성을 띤다고 해도 객관화될 수가 없다. 내가 글을 쓰는 시점부터 나의 고정관념으로 글들은 포장되어 쓰여질 수밖에 없다. 되도록 객관적 시각으로 쓰려고 노력했다.

※책이 필요하신 분은 책을 무료로 보내 드리겠습니다. 단 배송료는 착불로 하겠습니다. 주소를 보내 주세요.(vusans5716@hanmail.net)

티브로드 ABC 방송의 억지

수차례 국민신문고를 두드립니다.

국민신문고는 법적 규제나 강제성을 지니지 않으므로 공공기간이 아닌 개인적 일반 부분에는 권고나 시정 정도의 권한 밖에 없다는 한계성이 있음을 압니다.

다시 거론하고자 하는 문제 역시 개인회사인 관계로 조언 정도로만 그칠 것이라 보입니다. 이미 두드린 적이 있는 티브로드 ABC 안양방송에 대한 문제입니다. 두 건입니다.

하나는 시청 중 티브로드의 일방적 프로그램 개편으로 바둑방송이 중단된 데 대한 해지 요구와 위약금 관련 건입니다.

계약 위반은 방송국이 했으므로 못 내겠다고 버티자 위약금을 내지 않았다며 티브로드 ABC 안양방송 임의로 7, 8개월 동안 방송을 송출하고는 그 시청료를 내라고 갖은 협박성에 가까운 문서를 보내왔습니다.

저는 분명 해지를 하라고 했으며 시청료 납부를 못한다고 했습니다. 애초에 시청료가 아닌 위약금의 변제에 관하여 논하거나 유무를 가려야 했습니다. 또한 해지를 요구하였으므로 티브로드 ABC 안양방송은 방송 송출을 중단했어야 합니다. 그러나 중단 없이 임의로 방송을 보내 놓고는 그에 대한 시청료를 납부하라고 합니다. 이것은 부당한 처사입니다.

다른 하나, 딸 명의로 계약한 건.

철거하고자 방문한 기사에게 딸 명의로 재가입을 했습니다. 그 과정에서 자세한 설명을 듣지 못하고 기사가 쓰라는 곳에 이름과 도장을 찍고 서명을 했습니다. 다음 날 계약 기사에게 전화를 해 약정이 있느냐 질문하니 2년인가가 약정이 있다는 것입니다. 왜 말하지 않았느냐 하니 계약서에 있다고 했습니다.

중요 사항은 구두 고지를 해야 되는 것이 정상 아닙니까?

"철거하세요. 해약할 것입니다."

몇 차례 전화와 문자 메시지를 보냈습니다. 그러나 방송 송출은 계속되었습니다.

나중에 7, 8개월 치의 시청료를 내라고 협박성 문서로 가중한 스트레스를 줍니다. 여기서 계약자인 기사가 해지 전화를 받고도 사무실에 보고를 하지 않는 직무 유기를 하였을지도 모른다고 생각했습니다. 그것에 대한 추측은, 방송통신위원회의 2013년 2월 27일 답변서를 받은 당일 두 번에 걸친 기사와의 통화에서 서류 접수가 안 되어서 해지가 안 되었다고 한 변명에서 가능합니다. 왜냐하면 현실은 소비자의 직접 방문이나 기타 방법으로 서류 접수를 할 수 있게끔 되어 있지 않기 때문입니다. 오직 전화상으로만 신청과 해지가 가능합니다. 그런데도 기사는 해지 서류가 접수가 안 되었다는 말로 얼버무리고 있습니다.

 이것 역시 계약 다음 날 철거와 해지를 요구하였으므로 그 시점에서 위약금 유무에 대한 가림이 있어야 했습니다. 당연히 방송은 중단되어야 했습니다.

 그런데도 티브로드 ABC 안양방송은 임의로 방송을 송출하고는 무조건 분별도 없이 시청료를 납부하라고 합니다. 매우 부당합니다.

 그래서 인터넷 검색을 통해 티브로드 ABC 안양방송 대표 김태식과 그 주소를 찾아 내용증명을 보냈지만 수취인 불명으로 반송되어 왔습니다.

 왜 수취인 불명일까요? 많은 사람들이 검색하여 볼 수 있는 게 홈페이지인데, 아무리 소비자가 바보 같아도 허위로 대표 이름을 기재한다면 이는 분명 소비자를 기만하고 우롱한 사기에 해당한다고 보입니다.

 소송을 내려고 해도 내용증명조차 반송이 되니…. 어찌할 수가 없습니다.

저와 같이 불이익을 당하시는 분들이 꽤 많으시리라 봅니다.
정당한 권리를 찾읍시다.

산을 오르는 사람들

산을 오르다 보면 수많은 사람들을 만난다.

빨간색 날과 토요일은 참 많이도 산행을 한다. 보릿고개를 걱정하던 시절에는 산을 운동으로 오른다 하면 대다수가 이상한 눈으로 보았을 것이다. 그렇지만 요즘은 산을 오르는 것이 가장 쉽게 접할 수 있는 운동 수단이라 많은 사람들이 즐기고 있다.

혼자 다니는 것은 자신을 단련코자 함이요, 둘이나 셋이 모여 오르는 것은 운동을 하고자 함이요, 다수가 다니는 것은 놀기 위함이다. 어떤 것이든 체력을 단련하고 심신을 수련하는 데 일조를 하니 유익한 것이다.

올라갈 때는 쉬엄쉬엄 가면서 내려올 때는 뛰듯 날듯 내려오는 사람들이 있다. 예전에 그랬다가 무릎과 발목 관절이 아작이 나서 고생을 하고 있다. 아무리 건강하고 마른 사람도 평소에 관리를 잘해야 된다고 본다. 올라갈 때는 뛰어가고 내려올 때는 구경도 하고 즐거운 상상의 나래도 펴며 천천히 내려오는 것이 관절 보호에 좋다고 본다.

그렇다고 좁은 산길에서 두세 명이 횡대로 길을 다 차지하고 가는 것은 뒷사람과 앞사람에게 불편을 주니 삼가시기를.

산은 말없이 우리에게 건강과 맑은 정신을 준다. 그런데 꼭 얼룩진 흔적을 남기고 가는 사람이 있다. 가을 단풍은 아름답기나 하지, 사람이 흘리고 간 얼룩은 자연을 훼손하고 토양을 오염시킨다.

산이 좋아 산에 왔으면 사랑한 만큼 깨끗이 다듬고 가꾸어 줘야 되지 않겠는가. 자신의 몸은 아끼면서 자신이 좋아 다닌 산은 더러워져도 좋다는 말인가. 그건 진정 산을 사랑하는 게 아니다.

또한 애완견을 데리고 산을 다니는 것이야 뭐라 할 수 없지만 아무 데나 싸대는 똥, 오줌 처리를 하지 않고 목줄 없이 다니는 것은 다른 산행인에게 불편을 주는 것은 아닌지 생각해 보아야 할 일이다.

내 몸 사랑하듯이 내가 오르는 산을 사랑합시다.

저 산이 있으매 나는 산을 오르네

매일매일 오르건만 이 산이 좋은지 깨닫지 못하였네

오늘도 오르건만 산이야 거절하지를 않네

사철 내내 옷을 갈아입고 단장도 하며

침묵으로 그 자리에서 변함없이 나를 반기네

은근슬쩍 버리고 간 내 양심이

다음 날 오르는 발걸음을 잡네

수년이 흘렀건만 썩지도 않고 비죽이 퇴색한 얼굴 내민 채….

내 손주가 오르는 산길에 바람 소리 여전히 흐르고

목석같이 멈춰지면 지나던 산새 쉬어 가네

산 숲 나무가 말없이 주는 입김 속에 내 가슴이 맑아지건만

할배 할멈, 웬 깡통이 여기다 시뻘건 비닐 양심을 버리고 갔네

에구머니 내가 버린 것이 아직도 그대로네

할배 할멈, 고개 좀 들어봐….

나 이제 여기 없네

있다 한들 뭐 하겠나 손주 아이 부끄러워 이제 떠나려네.

허가 난 나라 도박

전철 문 상단에 기록된 문구.
"무심코 즐겼던 불법 스포츠 도박. 당신을 파멸로 이끄는 범죄행위입니다."
"신성한 스포츠, 경마, 경륜, 경정."
무엇이 불법이고 무엇이 범죄행위인가!
묻고 싶다. 올바른 도박은 무엇인가.
도박은 무조건 나쁜 것이며 사람을 우매하게 만들며 급기야는 폐인으로까지 몰고 간다. 따라서 국민을 위하는 정부라면 국민을 폐인으로 만드는 도박은 근절시켜서 국민을 건전하게 선도해야 된다.
그런데 정부, 권력 기관에서 운영하는 경마, 경륜, 경정, 스포츠 토토. 그런 것들은 국민에게 이익을 주는 올바른 도박인가! 도박이란 낱말에 올바른이란 수식어를 붙여도 되는가. 온 나라 바닥에 국가 공인의 도박장이 천지이다. 이 골목 저 골목 사람이 많이 꼬인다 싶으면 만드는 도박장.

뉴스에도 수시로 오르내리는 개인 불법 도박장 단속, 물론 나쁘다. 단속해서 조금이나마 국민이 폐인으로 가는 길을 막는 것은 좋은 것이다.

그런데 국민이 만사 제쳐 놓고 경마, 경륜, 경정, 골목마다 진을 친 스포츠 토토로 내달린다.

개인이 하면 무조건 불법이요 권력자가 하면 무엇이든 정당하고, 이 무슨 형평의 원칙인지 묻고 싶다.

나라의 권력자나 그것을 묵인하는 사법부를 상대로 대형 도박장, 경마, 경륜, 경정, 스포츠 토토를 운영하여 국민을 우매하게 만들고 파멸로 몰아가는 현상의 책임을 물어 고발합시다. 건전하고 정의로운 국민 여러분.

어쨌거나 국민을 파멸로 몰아가는 행위는 국가 운영 대형 도박장이 더 적나라하다고 여겨진다. 도둑 놈의 심보가 아니고야 어찌 눈에 보이는 위선을 얼굴색 하나도 변하지 않고 하는지…. 참 뻔뻔도 하다. 하기사 국가 권력의 정치권이 하는 일인데 내가 한 일이라고 나서서 참회나 양심선언을 한다는 것이 어불성설이다. 책임의 소재를 어디로 국한하는 것조차 힘들다. 당연히 피의자는 대한민국이요, 그 총책임자인 대통령이 될 수밖에 없다. 그리고 정당한 형평성으로 단속을 한다면 경마, 경정, 경륜, 스포츠 토토를 관장하는 기관부터, 모든 책임자들을 줄줄이 엮어야 되는 것이 맞다고 본다. 그리고 나서 소규모로 하는 개인 도박 업자와 하우스 방이라 불리는 도박자들을 엮는 것이 순서가 아니겠는가.

당당하게 허가 난 도박 집단, 그것이 나라를 운영한다는 권력자들의 행태이다. 그러고도 국민을 위한다고 뻔뻔하게 고개를 쳐들고 언성을 높이는 권력자들….

전철 안 선전 문구가 진정 무슨 의미를 지닌 선전성 문구인가. 군대도 안 가고 진정한 애국의 길인 국방의무조차도 지지 않은 권력자들도 많다는데 어떻게 정치를 한다고 고개를 들고 다니는지….

국민은 조금 더 눈을 크게 뜨고 작게나마 선거, 투표를 할 때, 국방의무를 안 한 사람은 지도자 서열에서 제외, 찍지 않았으면 한다.

그런 자들에 의해 공인된 도박이 권력의 중심에 있는 것이 아닌지…. 혀를 찰 노릇이다.

황금알
어느 날 신성한 스포츠라고 들여온 경마
하, 이게 우민들 돈 털기
누워서 떡 먹기네
조금 더 판을 벌여 볼까

경륜, 경정, 스포츠 토토, 로또
이 주머니 저 주머니 돈 집어넣기 바빠 죽을 판이네
얼마가 팔리고 얼마를 당첨 금액으로 나누어 주는지
아무도 알 수 없고
다 날리고도 모자라 친구에 사돈에 팔촌까지 빌릴 거 다 빌려
모두 날렸는데….
어쩌다 조금이라도 되면 세금이라 막 뜯어내고
만날 속고 또 속는 우민들….
본전 생각에
마지막 건 마누라까지 날리고
이젠 어디로 갈꼬
거리에 나앉은 놈 무연고 노숙자라 정신병원에 가두어 버리고
하!
세상이 어디로 갈꼬
어디를 둘러보아도 도박이요
365일 들여다보아도 도박으로 꽉 차 있다
신성한 스포츠라고 공개적으로 선전까지 하니
이를 우얄꼬….
개인이 도박 사업을 하면 불법입네 하고 두들겨 잡고
사랑방에서 삼팔 광땡 잡았다고 소리치니
도박이라 철창에 가두어 버리고
떡하니 내놓고 큰 도박판을 하는 권력은

법이란 미명 아래 배만 불려 간다
코도 안 풀고 먹어치우는
돈다발
경마, 경륜, 경정, 스포츠 토토, 로또
한 술 더 떠 수준 높은 주식에 홀떡 해 먹고
이젠 이슬 가려 주는 집까지 날리고
서울역 지하철 구석으로 내몰린 노숙자
법은 힘없고 돈 없는 서민만 잡는 거고
권력과 돈에 의해 행해지는
힘 있는 집단의 필요불가결한 수단
언제 날 잡아 가두려나
쓸데없이 떠들었다고….
이 글이 인터넷에 올라가면
하루하루
무섭기만 한 날들일 텐데.

—편문, 〈우민정책愚民政策〉

우방과 적국의 차이의 비등점

 연일 보스턴 마라톤 폭탄 테러로 각종 매스컴이 요란하다.
 왜 테러의 주 대상은 미국일까? 중국, 러시아, 캐나다, 프랑스, 독일, 기타 등등…. 왜 많은 나라들을 놔두고 세계 최강국인 미국 아니면 영국을 상대로 테러는 일어나고 있을까?
 생각을 해보아야 한다. 해석은 나라마다 다를 것이다. 한국이야 바로 머리 위에 강국인 중국과 러시아가 있으니 그들을 견제할 강대 세력과의 동맹이 필수불가결한 상태이다. 그렇지만 그러하지 않은 나라임에도 미국의 간섭을 받는 나라가 꽤 많은 것으로 안다. 사소한 분쟁에도 개입하여 영향력을 행사하려는 미국, 그것은 모두 자국의 이익을 위한 행위라고 보아도 무방하다. 그 속내를 아는 소수나 다수에 의해 우방이라 허울로만 자처하며 단물을 빼 가는 미국에 분노를 품고 자행되는 테러.

인간은 생각이 가능한 뇌를 지니므로 누구나 다 자신의 생명에는 애착이 높으며 죽음에 대한 공포를 갖고 있다. 그러므로 목숨을 걸고 자행하는 테러는 죽음보다 더한 증오나 분노 없이 불가능하다. 그렇다면 왜 미국은 많은 국가와 사람들에게 증오와 분노를 일으킬까?

오래전 포천서 일어난 두 여중생의 죽음, 주한 미군의 전차에 깔려 죽은 사건을 잊어서는 안 될 것이다.

미국은 경찰 국가라는 명분을 앞세워 세계 곳곳에 영향력을 행사하며 각종 이익은 다 챙기고 있다. 소련이 무너지고 중국은 아직이란 단어 앞에 어물쩡거린다. 미국만이 무소불위의 힘으로 설쳐 대고 있다. 그것이 테러의 중심에 놓이게 된 이유일 것이다.

골이 빈, 깡통머리 김정은이 깡통 두드리는 소릴 치고 그것을 빌미로 무장을 가속화하는 일본 쪽발이 놈들, 그 깡통으로부터 한국을 보호한다는 명분으로 한반도를 손바닥에 올려놓고 전쟁놀이를 즐기려는 미국, 중국과 주변의 강국들.

그것을 호기로 삼아 아시아 전역을 손아귀에 쓸어 넣을 속셈인 미국의 본래 목적. 한국은 늘 미국의 신탁통치에서 벗어나지 못하고 허우적거릴 뿐이다.

요리조리 이리저리 한국의 단물을 다 빼먹으려고 갖은 수단과 방법을 강구한다. 울며 겨자 먹기로 늘 울상만 짓는 한국이

가련하다.

　가끔 울화통이 치미는 삼국사기, 삼국통일로 손가락만 한 땅만 챙기고 만주의 광활한 요동 땅을 내준 신라의 소인배 김춘추가 원망스러울 뿐이다. 김춘추만 아니었다면 광개토대왕 같은 걸출한 인물에 의해 미국은 발가락의 때 정도로만 존재할 것인데…. 한탄스럽다.

　경찰 국가라면 질서만 잡아 주고 이권을 챙겨서는 안 된다. 중동 지역이 주 타킷이 된 것은 어린아이도 알 만한 일이다. 세계의 에너지를 독차지하려는 미국의 속셈, 기름 창고인 중동은 아주 탐나는 지역이다.

　한국이 특별한 무엇이 있는 것일까? 의문을 던져 본다. 경제적 이익보다는 지구촌의 패권을 놓고 기득권 점유나 지역적 확보에 그 의미가 크리라. 아시아의 지배권을 넣으려면 한국 땅은 절대 필수 지역이다.

　언제나 스스로 자주국방을 할 수 있을까? 그 옛날 수없이 자주국방이란 단어를 외치고 외쳤던 인물, 고 박정희 전 대통령의 숙원. 세계에 퍼져 있는 한국의 인재를 60만 대군으로 보호하겠다며 국내로 불러들여 핵을 만들려 했던 박정희, 결국 미국의 공작으로 무산된 것은 아닌지 미스터리로 남아 있다. 박정희의 죽음 뒤에도 미국의 배후가 있지는 않았는지 의문을 지울 수 없다.

　지금 눈물이 나는 겨자를 먹어야 하는 처량한 신세. 우리 안에서만 커 온 돼지새끼, 김정은이 언제나 철이 들라나···.

> 에라 떠든다고 될쏘냐
> 막걸리 두어 병 봇짐에 싸 들고 산행이나 하세
> 한 사발 땀 쏟아내고 먹는 그 맛이야
> 어디다 견줄쏘냐
> 진달래 꽃잎 따 술잔에 띄우고
> 한잔 마셔 보세.

기억의 한 조각

 그해 겨울, 유난히 눈이 많이 내렸다. 아마 그때 겨울이 1975년쯤으로 기억된다.
 "와—아." 함성 소리에 나는 창문이 없는 골방에서 나왔다. 한 무리의 아이들이 고함을 지르며 매에 쫓긴 꿩을 쫓아 달려가는 광경이 눈에 잡혔다. 이미 아이들에게 먹이의 주도권을 빼앗긴 매는 하늘 높이 날며 창공을 떠나지 못하는 모습이 보였다.
 책을 뒤적이며 골방에 종일 처박혀 있던 나는 한 마리의 먹이를 놓고 쫓고 쫓기는 광경에 흥미를 느꼈다. 꿩은 매에게 몇 차례의 공격을 당했는지 기력이 거의 다해 땅에 떨어질 듯이 힘겹게 날고 있다.
 해가 산마루를 넘기까지는 한 뼘밖에 안 남은 늦은 오후, 산

밑 논에서 썰매를 타고 얼음을 지치고 놀던 아이들은 매에 쫓긴 가련한 꿩을 발견하곤 일제히 약속이나 한 듯 함성을 지르며 꿩을 향해 미친 듯 질주하기 시작했다. 먼저 잡는 사람이 임자다.

생사를 건 탈출, 한 덩어리의 고기를 얻고자 미친 듯 달리는 아이들, 다 된 밥에 코를 떨구어 버린 매.

막냇동생 희걸이와 둘째 희명이, 종선이, 근배, 덕수, 종인이, 기타 동네 아이들이 거의 모여서 놀다 갑자기 나타난 횡재거리, 그것은 확실한 목표물이 있는 경주인 것이다.

"와—아, 잡아라! 잡아라!"

꿩은 사력을 다해 날건만 땅으로부터 자꾸 가까워진다. 제일 나이가 많은 종선이가 일등으로 달려온다. 꿩이 방향을 돌려 날자. 좀 거리가 떨어진 곳에 있던 아이들이 직선 거리로 달려오기 시작한다. 그 선두는 희걸이다.

웬걸 그놈의 꿩이 힘겹게 날더니 우리 집 지붕 위로 떨어지더니 뒤란으로 굴러 떨어졌다.

"웬 소리가 이리 시끄럽냐!"

아버지가 밖으로 나와 보니 웬 꿩이 지붕에 내려앉더니 뒤란으로 굴러떨어지는 게 아닌가.

"어, 이게 웬 떡이야!"

입이 함지박만큼이나 벌어진 아버지는 뒤란으로 가 꿩을 주워 들었다.

섶나무로 얼기설기 엮은 울타리 밖에서 몇백 미터를 숨이 넘어가도록 달려온 아이들이 울타리 안을 들여다보고 있다. 실망과 안타까운 눈길을 돌리지 못하고 고된 숨을 몰아쉬고 있다.

그날 저녁은 오랜만에 꿩고기로 포식을 했다. 그런데 이십 년이 훨씬 지난 지금도 가슴 한구석에 소화가 안 된 꿩고기가 그대로 남아 있다.

우리는 여기서 몇 가지를 생각하게 된다.

당신이라면 그 꿩을 제일 먼저 달려온 아이에게 네가 일등이라며 넘겨줄 수 있겠는가?

그때는 실지 먹고살기 어려운 시절이었다.

최소한 미안하다는 말 한마디,

"야, 이거 고생은 너희들이 했는데 이거 미안해서 어쩌나."

오랜 시간이 흘러도 기억의 한 자락은 썩지 않는 비닐 조각처럼 남아 있다.

정직, 도덕, 윤리, 법과 규범은 더더욱 아닌 아무런 죄도 아니고 아주 대수롭지 않은 사건이, 그것도 아버지의 행위와 꿩고기를 맛있게 먹은 공범으로서 석연치 않게 가슴에 얹혀 있는 것은 그것이 죄는 아니더라도 도의와 도량과 인간됨을 볼 수 있는 선의 한 부분이었기 때문이 아닌가 풀이된다.

한 시대를 살아가면서 우리는 많은 일들을 겪게 된다. 누구든지 거의가 자신이 현재 살아가고 있는 테두리 내에서 세상을 접하고 움직이고 소화하고, 수학 공식을 풀듯 삶을 풀어낸다. 그 위치에서 한 발을 벗어나면 아무것도 모르는 맹인이 될 수 있다.

후기

여기에 실린 이야기들은 사실을 토대로 쓰여진 것이다. 이미 인터넷 블로그나 다음의 아고라에 올렸던 글이다.

전체 맥락은 인간 사회의 바르지 못한 현상에 대한 것이다.

나 또한 정도를 지키지 못하는 사람 중의 하나이다. 다만 내 그릇됨을 성찰하여 고치고자 노력에 노력을 거듭할 뿐이다.

나의 도둑 일기를 쓰고자 한다.

생각을 하는 인간이므로 오욕을 알고 탐욕에서 벗어나기가 싶지를 않다.

1968년 겨울 아침, 학교에 가기 위해 안방 문을 나서는데 큰누나는 내(당시 초등학교 3학년)가 안쓰러웠는지 목도리를 감아 주고 손목이 시리지 않도록 팔소매를 당겨 주었다.
"주머니에 든 게 뭐냐?"
불룩한 잠바 주머니가 어색하게 보였는지 불쑥 물었다. 큰누나의 말에 순간 온몸이 얼어붙듯 경직되었다.
작은누나를 바라보았다. 작은누나는 고개를 장롱 쪽으로 돌려 버렸다. 옆에서 얼쩡거리며 지켜보던 작은누나의 표정이 검붉게 변해 간다.
큰누나는 주머니에 손을 넣어 잡다하게 잡히는 것을 끄집어 내었다. 일 원짜리 지폐가 한 움큼 쏟아져 나왔다.
"이게 뭐야."
뒤에 계시던 어머니 역시 얼굴 표정이 상기되어 방바닥에 흩어져 떨어진 일 원짜리 지폐를 보며 놀라 물었다.
"어디서 난 거야?"
나는 작은누나의 얼굴만 쳐다보며 대답을 하지 못했다.
우리 집은 마을에서 조그맣게 구멍가게를 하는지라 나무로 된 돈 통에 물건을 판 지폐와 동전이 늘 들어 있었다. 그렇다 보니 쉽게 몇 푼 꺼낼 수 있었고, 그 돈으로 학교 주변 가게에서 맛있는 것을 사 먹는 것은 매우 즐거운 일이었다.
지난 저녁 작은누나가 망을 보고 돈 통을 열어 돈을 훔치는 것은 내가 하였다. 용하리의 초등학교까지 십 리 길을 걸어 오가며 학교 입구에 자리잡은 가게에서 군것질을 하는 것은 매우 달콤한 유혹이 아닐 수 없었다.

작은누나와 나의 공모로 이루어진 도둑질, 비록 나의 집이기는 해도 부모의 허락 없이 돈을 꺼낸 것은 잘못된 것이다. 아주 오래된, 45년이나 지난 기억의 파편을 주워 모아 이야기하는 것은 그 행위가 아주 대수롭지 않지만 의식의 형성에 영향을 미칠 수 있기 때문이다. 옳고 그름의 분별에 대한 인식과 의식의 형성이다.

그 후 작은누나와의 공모가 아닌 혼자 몇 차례 더 집의 돈통에 손을 댔다. 십 대 후반이 되어서는 가게에 있는 소주나 고량주를 슬쩍해서 먹은 기억이 난다. 남의 것이 아닌 집의 것이라 잘못이란 인식은 적었지만 그래도 늘 이것은 아니구나 싶어서 어느 시점에서 멈추었다. 아마 그 시점이 내 자신이 자아를 느낀 때라 보인다.

그렇게 초등학교 6년의 세월은 신작로(도로) 바람에 날리는 흙먼지처럼 흘러갔다. 낙엽 지듯 초등학교를 졸업하고 삼십 리 밖에 자리 잡은 강원도 양구 읍내 성애중학교에 진학을 하였다. 드물게 듬성듬성 다니는 버스로 통학을 하거나 자전거로 중학교를 다녔다. 때론 산을 넘어 걸어 다니기도 했다.

성애중학교는 고등공민학교로 김말준 선교사가 성애고아원을 운영하면서 같이 설립한 중학교이다. 지금은 없어졌지만 고등공민학교로 국가에서 시행하는 검정고시를 따로 봐서 합격해야 고등학교 진학이 가능했다.

중학교 어느 봄 소풍을 가는 날이다. 기억으로 1971, 1972년도쯤 되리라.

어머니가 정성 들여 싸 준 김밥을 들고 학교로 향했다. 그리고 당당히 아버지로부터 받은 용돈으로 읍내 버스터미널, 당시는 종점이라 불린 그곳 가게 영동상회에서 소풍 가서 먹을 과자와 음료수를 사기로 했다. 가게는 학생들로 북새통을 이루었다. 나는 그 혼잡 속에서 빵을 하나 골라 들었다.

"아주머니, 아주머니." 몇 차례 불렀건만 아주머니는 다른 일 보기에 바빠 나의 부름에는 눈길도 주지 않았다. 물건을 사고 밖으로 나오는 학생들에 떠밀려 밖으로 나온 나는 빵을 든 손을 들어서 보다가 슬그머니 주머니에 넣고 가게 앞을 유유히 떠났다.

불로소득, 가슴 깊은 곳으로부터 밀려오는 성취감이랄까? 아니면 공짜로 얻어진 희열이랄까? 그러한 감정이 미세하게 가슴을 타고 흘러내렸다.

그런 감정으로 인해 도둑질이란 범죄가 이루어지는구나, 깨닫기까지 적지 않은 시간이 흘렀다.

마을에서 참외, 수박을 재배하면 늦은 밤 서리하여 먹는 짜릿함. 이웃 담장 너머 달린 자두나 복숭아를 몰래 따먹는 재미, 이런 건 아무런 죄책감이나 죄의식이 없이 이루어진다. 그러나 이것 역시 도둑질이었다.

주변 환경이나 가정교육을 통하여 부모의 행동과 삶을 보고 도덕적 개념과 윤리 의식은 뿌리를 내리게 된다.

다는 아니더라도 대다수는 한두 번쯤 욕심에 스을쩍 부정을 저질러 본 적이 있을 것이다. 나중에 도덕적 분별력을 갖추었을 때 깨닫고 멈추느냐 아니면 깨닫지 못하고 아무런 죄의식 없이 탐이 나면 정당한 방법이 아닌 부정한 방법으로 계속 취하느냐에 따라 범죄자와 도덕적 자유인으로 구분이 지워진다.

대도라고 불린 '조'라는 누군가, 매스컴의 잘못된 진실인지 아니면 조의 의도적 행위였는지 한때 부정한 방법으로 취득한 재물로 자비를 베푼다고 좋은 의미의 대도라는 명칭이 붙었다. 차후 또 다른 진실에 의해 그냥 좀도둑에 지나지 않았다는 게 밝혀졌다.

훔친다는 것은 결코 올바른 것이 아니다. 임꺽정이나 홍길동의 행동에 대하여 말한다면 그들은 훔친 것이 아니라 부당한 방법으로 취득한 관리와 부자들의 재산을 원 주인에게 돌려주기 위하여 한 행위라 할 수 있다.

요즘도 마찬가지로 권력자와 부자들이 서민의 고혈을 부당한 방법으로 빼앗는 사례는 부지기수라 보여진다. 옛날 홍길동처럼 칼 들고 설칠 수도 없고 속만 탄다.

2014년 2월
편문

이젠 말하고 싶다

발행 I 2014년 2월 25일
지은이 I 편 문
펴낸이 I 김명덕
펴낸곳 I 한강출판사
홈페이지 I www.mhspace.co.kr
등록 I 1988년 1월 15일(제8-39호)
주소 I 서울시 종로구 인사동 131번지 파고다빌딩 408호
전화 735-4257, 734-4283　팩스 739-4285

값 11,000원

ISBN 978-89-5794-276-5 03810

※저자와의 협약에 의해 인지는 생략합니다.
※잘못된 책은 바꾸어 드립니다.